MOEWIG
DOKUMENTATION

Christopher Hibbert

Der Duce

Das Leben des Benito Mussolini

MOEWIG

MOEWIG Band Nr. 4367
Verlag Arthur Moewig GmbH, Rastatt

Titel der Originalausgabe: ‚Mussolini'
erschienen 1972 im Verlag Pan/Ballantine, London/New York
Aus dem Amerikanischen von Wulf Bergner

Fotos im Innenteil: Bilderdienst Süddeutscher Verlag, München
Umschlagentwurf und -gestaltung: Franz Wöllzenmüller, München
Verkaufspreis inkl. gesetzl. Mehrwertsteuer
Auslieferung in Österreich:
Pressegroßvertrieb Salzburg, Niederalm 300, A-5081 Anif
Printed in Germany 1987
Druck und Bindung: Elsnerdruck, Berlin
ISBN 3-8118-4367-2

Inhalt

Die italienische Tragödie

Einleitung von David Mason

Zu den faszinierendsten Themen, mit denen man sich im Rahmen des Studiums des Zweiten Weltkriegs befassen kann, gehört die Beurteilung der außergewöhnlichen Gestalt Benito Mussolinis, dessen Geburtstag sich am 29. Juli 1983 zum hundertsten Male jährte. Wie hat der wahre Charakter dieses widersprüchlichen Mannes ausgesehen? Welche Rolle hat er in der italienischen Geschichte gespielt? Wie ist es ihm trotz scheinbar schlechter werdender Voraussetzungen gelungen, das italienische Volk so lange zu beherrschen?

Die Umstände seiner Kindheit und Jugend glichen denen, die zum Aufstieg vieler Radikaler oder Revolutionsführer beigetragen haben. Das Leben war schwer, weil seine Mutter als Lehrerin und sein Vater als Schmied kaum genug Geld fürs Nötigste verdienten, und die Atmosphäre war zugleich mit revolutionären Idealen geschwängert. Mussolinis Vater schrieb für sozialistische Zeitungen und war wegen politischer Betätigung inhaftiert gewesen.

Im Internat litt Mussolini gleich zweifach: unter der strengen Disziplin und den ihm vorenthaltenen Privilegien, die den Söhnen wohlhabender Eltern gewährt wurden. Solche Erlebnisse sind keineswegs einzigartig, und viele Männer, die unter ihnen gelitten haben, haben gelernt, sie als Teil ihrer Lebenserfahrung hinzunehmen. Andere sind politische oder revolutionäre Führer geworden und haben sich genügend Idealismus und Altruismus bewahrt, um ihren Gefolgsleuten zu nützen.

Mussolini hätte zu dieser zweiten Kategorie gehören können, aber in seinem zwiespältigen Charakter gab es Elemente, die ihn und sein Land in Schwierigkeiten geführt haben müssen. In der Schule ließ er einen Hang zur Gewalttätigkeit erkennen, schüchterte Kameraden ein, prügelte sich und verletzte mindestens zwei Gegner durch Stiche mit seinem Taschenmesser.

Sein Verhältnis zu anderen, vor allem zu Frauen, war nie das eines Erwachsenen: Er hatte zahllose Geliebte, war jedoch kein erfahrener romantischer Liebhaber, sondern zog eine Technik vor, die auf Gewalttätigkeit, Kürze und Verachtung seiner Partnerinnen basierte. In seiner Anfangszeit als Lehrer und Journalist war er überschwenglich, wenig zartfühlend, unbedacht und in vieler Beziehung unausgeglichen. Das Dumme war, daß diese Eigenschaften in den ersten Jahren nach dem Ersten Weltkrieg nur populär sein konnten.

In Italien wie in Deutschland erwies die Unzufriedenheit mit dem Establishment sich als idealer Nährboden für alle möglichen extremistischen Organisationen. In Italien waren anfangs die Sozialisten populär, und Mussolini erlitt in Wahlkämpfen gegen sie schwere Niederlagen, aber als ihre Bemühungen, die in der Sowjetunion erzielten Erfolge der Bolschewisten zu imitieren, sich als vergeblich erwiesen, schlug das Pendel der öffentlichen Meinung stark nach rechts aus, und auf dieser Woge rechtsgerichteter Gefühle gelangte Mussolini — jedoch unter Schwierigkeiten — an die Macht.

Das ungewohnte Gefühl, eine starke Regierung zu haben, wirkte sich anfangs sehr zugunsten des italienischen Volkes aus, und Mussolinis Programm öffentlicher Bauten und weitblickender Entwicklungsprojekte brachte dem neuvereinten Italien eine Periode der Ruhe und des Wohlstands. Schließlich zeigte sich jedoch zwangsläufig das latente Böse dieses Systems, und es kam zu Erscheinungen wie Überfälle auf Andersdenkende, Verschleppung politischer Gegner, Abschaffung der Parteien und Unterdrückung von Zeitungen, die uns aus Ländern, in denen der Staat mehr gilt als der einzelne Bürger, nur allzu wohlbekannt sind. Damit einher ging eine parallel verlaufende Wesensveränderung Mussolinis: Er erlag allmählich dem Größenwahn eines kleinen Diktators und litt dann unter dem Niedergang seiner Persönlichkeit, der angesichts seiner eigenen Charaktermängel unvermeidlich war.

Nichts an dieser Entwicklung ist auch nur im geringsten erstaunlich. Wirklich überraschend ist nur, daß das italienische Volk seinen gefährlichen Diktator so lange ertragen hat. Man könnte damit argumentieren, es sei mit ihm zufrieden gewesen, solange er ihm durch sein Bündnis mit dem nationalsozialistischen Deutschland Hoffnungen auf nationale Größe machen konnte. Aber seine intelligenteren Landsleute erkannten deutlich, daß sich durchaus nur eine Katastrophe entwickeln konnte: eine Zwickmühle für Italien, das entweder zu den Verlierern gehören oder als Mitsieger endgültig unter Hitlers Herrschaft geraten würde.

Weshalb hielten sie es dann mit ihm aus? Weshalb ließen sie sich in einen Krieg hineinziehen, den keiner von ihnen wollte? Weshalb brauchten sie bis 1943, um den schicksalhaften Schritt zu tun, der sich danach als erbärmlich einfach erwies?

Die Antworten auf diese Fragen müssen irgendwo in dem grundsätzlichen Widerspruch zwischen dem italienischen Nationalcharakter und den historischen Gegebenheiten Italiens zu finden sein. Trotz einiger offenkundiger Mängel und einem erschreckenden Mangel an nationalen Ressourcen gehört das italienische Volk zweifellos zu den begabtesten und erfolgreichsten Völkern und ist von Natur aus warmherzig, großzügig und leichtlebig. Im Gegensatz dazu besteht seine Geschichte aus einer Anhäufung von Unruhen, Kämpfen, Gewalt und Invasionen: das römische Reich; die Raubzüge der Goten; das Reich Karls des Großen; das wirre Mittelalter; das Heilige Römische Reich; die unabhängigen Stadtstaaten; die Ausplünderung des Landes durch eine Folge spanischer, deutscher, französischer und österreichischer Invasoren; und zuletzt die Einigung Italiens, die erst eineinviertel Jahrhunderte zurückliegt.

Angesichts dieses Hintergrundes ist es vielleicht kaum verwunderlich, daß die italienische Nation einen Führer des zweifelhaften Kalibers und Charakters eines Mussolinis hervorgebracht hat und daß er nicht daran gehindert worden ist, eine katastrophale und unerwünschte Politik zu betreiben. Italiens großes Problem scheint damals wie heute die Tatsache zu sein, daß sein Volk von seinen Vorfahren alle nützlichen Charaktereigenschaften bis auf eine geerbt zu haben scheint, die ein Vorzug der Römer war und Italien zur Größe hätte führen können: die Fähigkeit, vernünftig zu regieren.

Ein Mann des Volkes

„Eines Tages", erklärte Mussolini seiner Mutter, als er noch ein Junge war, „werde ich die ganze Welt erzittern lassen." Von diesem Ehrgeiz war er sein Leben lang besessen. Wie er einst bekannte, war er von frühester Jugend an der Überzeugung, er sei auf die Welt gekommen, um sie zu erschüttern und zu verblüffen. Schon der Augenblick seiner Geburt erschien ihm als gutes Omen.

„Geboren wurde ich am 29. Juli 1883", schrieb er in der ersten Fassung seiner Autobiographie, die er als 28jähriger im Gefängnis zu Papier brachte, „in Varnano dei Costa, einem alten Weiler auf einem Hügel bei Dovia*, das in der Nähe des Dorfes Predappio liegt. Ich kam an einem Sonntag um zwei Uhr nachmittags zur Welt. Die Sonne war eben ins Tierkreiszeichen Löwe eingetreten..."

Mussolinis Vater war Schmied, seine Mutter Lehrerin. Die Mutter war eine ruhige, sanfte Frau, deren kärgliches Monatsgehalt von 50 Lire den größten Teil des bescheidenen Lebensstandards der Familie finanzieren mußte, denn sein Vater gab viel von seinem Verdienst für seine Geliebte aus. Alessandro Mussolini war ein untreuer, sturer, egoistischer Mann, der nie zur Schule gegangen war; trotzdem war er weder ungebildet noch dumm. Er schrieb Artikel für mehrere sozialistische Zeitschriften und die republikanische Zeitung *Il Pensiero Romangnolo* und konnte stundenlang über Politik und Wirtschaftsfragen sprechen, wo-

* Provinz Forli

bei er sich über die revolutionären Überzeugungen ausließ, für die er — wie schon sein Vater vor ihm — ins Gefängnis gegangen war. Er gab seinem ältesten Sohn die Namen Benito (nach dem mexikanischen Revolutionär Benito Juarez), Amilcare (nach dem Anarchisten Amilcare Cipriani aus der Romagna) und Andrea (nach Andrea Costa, einem der Mitbegründer der Sozialistischen Partei Italiens). Für das eigensinnige, schwierige, ungehorsame Kind, als das Benito sich bald erwies, schienen diese Namen angemessen zu sein.

Trotz seiner streitsüchtigen Übellaunigkeit war er als Kind glücklich, wurde von seinen jüngeren Geschwistern — einem Bruder und einer Schwester — geliebt, von seinen Schulkameraden bewundert und von seiner liebevollen, langmütigen Mutter rührend umsorgt.

Als er neun war, fiel die Entscheidung, daß er von der Dorfschule genommen werden sollte, deren Lehrkörper ihm nicht mehr gewachsen war und wo er unter die Bänke kroch, um Mitschüler in die nackten Beine zu kneifen. Besserung sollte die straffe Disziplin einer von den Salesianern geleiteten Internatsschule in Faenza bringen. Aber auch die Salesianer waren dem Jungen nicht gewachsen. Er raufte mit seinen Mitschülern und setzte sich sogar gegen die körperliche Züchtigung durch Lehrer zur Wehr. Nachdem er einem der Patres ein Tintenfaß nachgeworfen und einen Mitschüler durch einen Stich mit seinem Taschenmesser verletzt hatte, wurde er von der Schule verwiesen und kam ins Internat Giosuè Carducci in Forlimpoli, wo er einen weiteren Jungen mit seinem Taschenmesser verletzte und erneut von der Schule flog.

Obwohl der junge Mussolini sich gegen jeglichen Zwang

zur Wehr setzte, lernte er auf den ihn interessierenden Gebieten fleißig und wurde als außergewöhnlich intelligenter Junge anerkannt. Nachdem er in Forlimpoli als Externer wiederaufgenommen worden war, bestand er sämtliche Prüfungen und erhielt sein Diplom als Lehrer.

Als der damals 18jährige seine erste Anstellung als Lehrer erhielt, war er ein nach Aussehen und Charakter gleichermaßen auffälliger junger Mann. Er war klein und sehr blaß und hatte ein energisches Kinn und große dunkle Augen mit durchdringendem Blick. Seine Stimme, die von einer englischen Bewunderin später als die schönste geschildert wurde, die sie je gehört hatte, war tief und sonor.

Mussolini war ruhelos, ungeduldig, gewalttätig und ehrgeizig. Außerdem war er, wie eine Bekannte aus diesen Jahren sich erinnerte, „äußerst blasphemisch, aggressiv schlechtgekleidet, neurotisch und leicht erregbar". Klar war jedenfalls, daß er für eine Lehrerlaufbahn denkbar schlecht geeignet war. Nach viermonatiger Lehrtätigkeit hatte er bereits genug und ging in die Schweiz — nach eigener Aussage mit nichts als einem Karl-Marx-Medaillon in der Tasche.

„Ich bin damals ein Bohemien gewesen", berichtete er stolz. „Ich habe nach meinen eigenen Gesetzen gelebt und mich nicht einmal immer an sie gehalten."

In einem frühen autobiographischen Fragment, das nicht in spätere, gesetztere Fassungen aufgenommen wurde, schilderte er diese wilde Jugend geradezu triumphierend und ließ dabei einen Drang zu dramatischer Selbsterhöhung erkennen, der sein Leben lang zu seinen charakteristischen Eigenschaften gehören sollte. Nach eigener Aussage arbeitete Mussolini in der Schweiz als Tagelöhner, bei einem Fleischer, als Maurerhelfer und als Laufbursche. Er wurde wegen Bettelns festgenommen und überfiel eines Tages in Genf zwei Engländerinnen, die auf einer Bank picknickten.

„Ich stürzte mich auf eine der alten Hexen", berichtete er, „und riß ihr das Essen aus den Händen. Hätten sie auch nur den geringsten Widerstand geleistet, hätte ich beide erwürgt — wohlgemerkt erwürgt."

Er war stolz auf seinen gewalttätigen Umgang mit Frauen. Er erinnerte sich gern daran, wie er als Schuljunge in Forlimpoli über die schlaffen Körper von Nutten im dortigen Bordell hergefallen war, daß er das erste Mädchen, das er wollte und das keine Prostituierte war, vergewaltigt hatte, und daß er seine erste Geliebte eingeschüchtert, mißhandelt und durch einen Messerstich — wieder mit seinem Taschenmesser — in den Oberschenkel verletzt hatte. Von einer späteren Geliebten holte er sich eine Syphilisinfektion, drohte damit, sich zu erschießen, und ließ sich dazu überreden, statt dessen einen Arzt aufzusuchen.

In der Schweiz schloß Mussolini sich mehreren revolutionären Gruppen an und sprach sich mit leidenschaftlicher Intensität gegen die politischen Systeme Europas aus. Er las sehr viel, aber überhastet und planlos, warf ein Buch beiseite, um sich aufs nächste zu stürzen, und entwickelte keine zusammenhängende Philosophie, sondern verkündete Ansichten, die „stets von dem Buch geprägt waren, das er zufällig als letztes gelesen hatte", wie eine Genfer Bekannte berichtete.

Er bezeichnete sich selbst als *„un apostolato di violenza"*, und es erscheint bedeutsam, daß er in seiner Autobiographie lediglich Gustave Lebons *Die Psychologie der*

Massen erwähnt, obwohl er Pjotr A. Kropotkin und Karl Marx, Friedrich Nietzsche und Georges Sorel, Immanuel Kant und Johann Gottlieb Fichte, Louis Auguste Blanqui und Karl Kautsky gelesen zu haben scheint. Mussolini begann für mehrere revolutionäre Blätter zu schreiben, aber seine dort geäußerten Ansichten waren wie seine Reden und Ansprachen: widersprüchlich und unstet; Ausdruck eines kirchenfeindlichen, anarchistischen Sozialismus, der eigentlich nur zu einem Tag der Rache aufrief.

In einer Sommernacht des Jahres 1903 wurde er in Bern verhaftet, weil er für Gewaltanwendung zur Durchsetzung von Arbeiterforderungen plädiert hatte, und ins Gefängnis geworfen. Im Jahr darauf kehrte er nach Italien zurück, wo ihm der wohl auch begründete Ruf vorauseilte, ein politischer Extremist zu sein.

Er saß bald wieder hinter Gittern, und nach seiner Entlassung war der „Genosse Mussolini" bis weit über die Romagna hinaus bekannt. Er war ein geschickter Journalist und Agitator, und seine Artikel erschienen in zahlreichen sozialistischen Blättern von *Il Popolo* bis zu *L'Avvenire del Laboratore.* Nach seiner Heirat mit Rachele Guidi, der jüngeren Tochter der verwitweten Geliebten seines Vaters, gründete er eine eigene Zeitung — *La Lotta di Classe (Der Klassenkampf)* —, deren vier Seiten er mit eigenen Artikeln füllte. Sein Blatt war so erfolgreich, daß das Exekutivkomitee der Sozialistischen Partei Mussolini 1912 zum Chefredakteur des offiziellen Parteiblatts *Avanti!* bestellte. Seine Begabung als Redakteur und als Autor politischer Artikel sowie seine originellen typographischen Ideen bewirkten, daß die Auflagenhöhe sich innerhalb weniger Monate verdoppelte.

Während Mussolini sich zu einem erstklassigen Journalisten entwickelte, beeindruckte er andererseits auch als ungewöhnlich brillanter Redner. Seine Posen waren theatralisch, seine Äußerungen widersprüchlich, seine Behauptungen häufig widerlegbar und seine Angriffe oft bösartig und in die falsche Richtung zielend, aber seine Stimme klang zwingend faszinierend, seine kraftvollen, häufig wiederholten Gesten waren außerordentlich wirkungsvoll, seine Phrasen hatten etwas Dramatisches an sich, und seine Vergleiche waren treffend und verblüffend. Darüber hinaus verstand er es meisterhaft, eine Serie kurzer, begeisternder Sätze, die abgehackt vorgetragen wurden, zu einem Höhepunkt zu steigern. Vor allem besaß er eine bemerkenswerte Gabe, seine Zuhörer in eine Stimmung zu versetzen, der er sich dann selbst hingab, bis seine Rede fast zu einem Dialog wurde, bei dem die Zuhörer ihre Zustimmung in Sätzen brüllten, die Mussolini aufgriff, wiederholte und neu deutete.

Seine Fähigkeiten als Parteiredner fanden ihre Anerkennung in Mussolinis Ernennung zum Delegierten für Forli im Sozialistischen Nationalkongreß. Im Oktober 1913 kandidierte er dann in Forli für die Sozialisten. Sein Wahlprogramm war antimilitaristisch, antinationalistisch, antikirchlich und antiimperialistisch, aber es konnte ihn nicht vor einer schweren Niederlage bewahren. Danach war Mussolini antimilitaristischer als je zuvor: Er hielt weiter Reden, in denen er den Militarismus in Grund und Boden verdammte, und als Österreich-Ungarn Serbien den Krieg erklärte und der Erste Weltkrieg ausbrach, forderten seine Artikel im *Avanti!* immer wieder „Nieder mit dem Krieg!" und „Nieder mit den Waffen, es lebe die Menschheit!"

Diese Einstellung sollte sich jedoch bald ändern. Unter dem Einfluß von Karl Marx' Aphorismus, daß der Krieg im allgemeinen soziale Umwälzungen nach sich zieht, und aus der Überzeugung heraus, daß „die Niederlage Frankreichs der Freiheit in Europa den Todesstoß versetzen würde", gab er seinen Posten als Chefredakteur des *Avanti!* auf und gründete mit finanzieller Unterstützung Filippo Naldis, eines für den Kriegseintritt Italiens plädierenden Verlegers, die Zeitschrift *Il Popolo d'Italia*. Rechts und links des Zeitungstitels der ersten Ausgabe, die den Kriegseintritt forderte, prangten zwei Maximen, die aus unserer Sicht fast wie ein Grundsatzprogramm des Faschismus wirken: *„Chi ha del ferro ha del pane" („Wer Eisen hat, hat Brot")* von Blanqui und *„La rivoluzione è un' idea che ha trovato delle baionette" („Die Revolution ist eine Idee, die Bajonette gefunden hat")* von Napoleon.

Auf einer erregten Versammlung der Sozialistischen Partei in Mailand wurde Mussolini aus der Partei ausgeschlossen, während Rufe wie *„Traditore! Venduto! Sicario!"* ertönten. Und obwohl er leidenschaftlich erwiderte: „Ihr könnt mich nicht loswerden, weil ich ein Sozialist bin und stets einer bleiben werde!", zog er sich völlig von der Partei zurück.

„Von heute an", schrieb er in *Il Popolo d'Italia*, „sind wir alle Italiener und nichts als Italiener. Seitdem nun Stahl auf Stahl getroffen ist, steigt ein einziger Schrei aus unseren Herzen auf — *Viva l'Italia!*"

Mussolini meldete sich selbst an die Front, kämpfte bei den Bersaglieri und wurde verwundet. Er kehrte als überzeugter Antisozialist in die Heimat zurück, blieb aber weiterhin antibürgerlich und antikapitalistisch. Schon im Februar 1918 befürwortete er das Auftreten eines Diktators, ,,eines Mannes, der rücksichtslos und intelligent genug ist, um reinen Tisch zu machen", und im Jahr darauf formierte sich in Mailand bei einem Treffen von etwa 200 unzufriedenen Sozialisten, Gewerkschaftlern, Republikanern, Anarchisten, nicht klassifizierbaren Revolutionären und unruhigen entlassenen Soldaten eine neue politische Kraft, die diesen Diktator hervorbringen würde.

Mussolini gab dieser Kraft den Namen *Fascio di Combattimento* (Gruppe von Kämpfern). Zwischen diesen Kämpfern sollten Bande bestehen, die ebenso eng wie die zwischen den Ruten des Liktorenbündels, des römischen Autoritätssymbols, waren. So entstand der Faschismus; so kam er zu seinem Symbol.

Die faschistischen *Squadristi* trugen die schwarzen Hemden, die bei den Taglöhnern der Romagna zur Uniform der Anarchisten geworden waren, marschierten mit den Totenkopffahnen der *Arditi* (für Kommandounternehmen ausgebildete Einheiten des italienischen Heeres), sangen patriotische Lieder, riefen nationalistische Parolen und kämpften gegen Sozialisten wie Kommunisten. Sie bekamen immer mehr Zulauf und provozierten und verschärften das anarchistische Klima in Italien, das die Bevölkerung eines Tages dazu bringen würde, die Diktatur zu akzeptieren, die Mussolini als Allheilmittel für die Leiden Italiens anpries. Bei den Wahlen des Jahres 1921 gewannen die Faschisten so viel Boden, daß sie 35 Abgeordnete stellten; einer von ihnen war der inzwischen in ganz Italien bekannte Benito Mussolini.

Seine große Chance kam im August 1922, als ein Generalstreik ausgerufen wurde. Mussolini erklärte, wenn die

Regierung den Ausstand nicht verhindere, würden die Faschisten ihn auf ihre Weise beenden. „Entweder wird die Regierungsgewalt uns übertragen, oder wir ergreifen sie durch einen Marsch auf Rom."

Das war keine leere Drohung. Mussolini selbst blieb in Mailand und wartete auf den Ruf des Königs. Aber seine Anhänger marschierten tatsächlich auf Rom — unter Führung von vier Faschisten, die später als die *Quadrumviri* bekannt werden sollten: Italo Balbo, der junge Führer der *Squadristi,* Cesare Maria de Vecchi, ein faschistischer Abgeordneter, Michele Bianchi, Generalsekretär der Partei, und General Emilio de Bono, früher Oberbefehlshaber des italienischen IX. Armeekorps. Während die 25.000 Mann starken vier Kolonnen nach Süden marschierten, gab die Regierung ihre Absicht bekannt, den Ausnahmezustand auszurufen. Aber der König, der schon bereit war, eine faschistische Regierung zu akzeptieren, weigerte sich, die Verfügung zu unterzeichnen. Statt dessen schickte er das Telegramm, auf das Mussolini gewartet hatte.

Sein Erfolg war ebenso bemerkenswert wie überraschend. Aber er war nicht unerklärlich. Mussolini verdankte ihn unter anderem einer ungewöhnlichen Kombination günstiger Umstände, zu denen eine Wirtschaftskrise, eine uneinige Arbeiterklasse und die Duldung, wenn nicht sogar die Mittäterschaft der Mittelstandsparteien gehörten. Ebenfalls dazu beigetragen hatten seine imposante Erscheinung, die noch nicht durch Krankheiten geschwächt war, seine überragende Rednergabe, die noch nicht zur Zielscheibe von Karikaturisten geworden war, und sein gewinnender Charme, der noch nicht durch

Schmeichelei gelitten hatte. Aber hinter seinem Erfolg steckte noch weit mehr.

Mussolini hatte sich aus angeborenem Instinkt oder eiskalter Berechnung als überragender Opportunist, höchst wendiger *Agitatore* und Meister der politischen Kunst erwiesen, Gegner auseinanderzudividieren, indem man Keile zwischen sie treibt.

Sobald Mussolini als bis dahin jüngster italienischer Ministerpräsident an der Macht war, ließ er Anzeichen dafür erkennen, daß er sich zu einem überragenden Staatsmann entwickeln würde. Er legte dem König eine Ministerliste vor, deren Zusammensetzung beweisen sollte, daß er ein Staats-, statt ein Parteiführer war. Und in dieser nationalen Führungsrolle waren die Italiener bereit, sogar jubelnd bereit, ihn willkommen zu heißen. Sie hatten die Streiks und Unruhen satt; sie hungerten nach den prunkvollen, choreographischen Aufmärschen, nach den mittelalterlichen Verbrämungen des Faschismus, mit denen d'Annunzio in Fiume die Massen erregt hatte. Deshalb überdauerte Mussolinis Popularität nicht nur die sporadischen Ausschreitungen während der zweifellos betrügerischen Wahlen des Jahres 1924, sondern auch die Ermordung des tapferen und begabten Sozialistenführers Giacomo Matteotti — ein Mord, bei dem Mussolini nach weitverbreiteter Überzeugung die Hände im Spiel gehabt hatte.

Der dem Volk geschickt als Italiens Mann des Schicksals präsentierte Mussolini wurde als solcher akzeptiert, aber nicht nur Italiener verfielen dem Zauber dieses energisch vorgereckten Kinns, der schwarzen großen Augen, der wunderbar ausdrucksvollen Gesten und dieser eigenartig bewegenden Stimme. Er wurde mit Napoleon und Cromwell verglichen, ohne daß diese Vergleiche auch nur im geringsten ironisch gemeint gewesen wären, und von wichtigen europäischen und amerikanischen Persönlichkeiten als Genie und Supermann gelobt.

Hatte er seinem zerstrittenen und demoralisierten Land nicht neues Leben eingehaucht? Hatte er nicht dort Erfolg gehabt, wo selbst Cavour versagt hatte, und es mit dem Papsttum wiederversöhnt? Hatte er die Sozialreformen und öffentlichen Arbeiten nicht durchgeführt, ohne die Interessen der Industriellen und Grundbesitzer zu gefährden oder ihre Unterstützung einzubüßen? Und die Antwort schallte zu dem Mann auf dem Balkon des Palazzo Venezia hinauf: Kein anderer als *il Duce. Duce! Duce! Duce!* Der Duce, der — wie die Italiener damals an unzähligen Mauern lesen konnten — *„ha sempre ragione"* („immer recht hat").

Obwohl Mussolini die bürgerlichen Freiheiten abgeschafft hatte, war er in Italien zweifellos beliebter, als es jemals ein Landsmann gewesen war. Sein Foto wurde aus Zeitungen und Zeitschriften ausgeschnitten und in ärmlichen Bauernhütten neben die Madonna geklebt. „Schulmädchen verknallten sich in ihn wie in einen Filmstar", hat der italienische Journalist Luigi Barzini geschrieben. „Seine denkwürdigeren Aussprüche wurden groß an Dorfhäuser gemalt, damit alle sie lesen konnten... Ich erinnere mich, wie er eines Tages im Jahre 1932 bei Militärmanövern in den Langhe über ein weites gelbes Stoppelfeld schritt, das von fernen grünen Hügeln, Bäumen und den Türmen von Dorfkirchen gesäumt war. Von allen Seiten kamen Bauern mit roten Gesichtern und nach Atem ringend herbeigerannt, um ihn zu sehen, ihn zu berühren, ihm zuzujubeln. Einer seiner Sekretäre folgte ihm mit einem Ledertäschchen im Format von 1.000-Lire-Scheinen, um den Bedürftigeren Geldscheine mit der Geste eines Karten gebenden Spielers zu überreichen. Schon bald führte Mussolini einen Zug aus Tausenden von jubelnden und gestikulierenden Gefolgsleuten an. Sein Gesichtsausdruck zeigte lediglich die gewohnte hölzerne Entschlossenheit... Niemand, der sie gesehen hat, wird den Anblick von Plätzen vergessen, auf denen sich die Massen drängten, um ihn reden zu hören: die Köpfe dicht beieinander wie Mosaiksteinchen, alle Augen auf einen Punkt gerichtet — auf den Balkon oder das Podium, von dem aus er sprach. Das war ein bedrohlicher und erschreckender Anblick."

Ein anderer Autor, der berühmte italienische Schriftsteller Alberto Moravia, hat bemerkt: „Hätte Mussolini eine so kluge Außenpolitik wie seine Innenpolitik gemacht, wäre er vielleicht noch heute Duce."

Diese Ansicht ist es wert, daß man sich mit ihr beschäftigt. Ganz sicher führten Mussolinis ungezügelte Arroganz, sein rücksichtsloser Fremdenhaß und seine eigensinnige Fehldeutung der Grundbedürfnisse Italiens zu seinem Einfall in Abessinien und danach unweigerlich zu seinem Sturz.

Daß dieser Sturz von ihm selbst verursacht war, wollte Mussolini nie wahrhaben. Er glaubte seit langem an seine eigene Propaganda und ließ sich von ihr von seiner eigenen Unfehlbarkeit überzeugen. „Auf meinem Grab soll folgender Nachruf stehen", sagte er einmal mit dem erschütternden Mangel an Humor und Zurückhaltung, der für die apokalyptischen Erklärungen Größenwahnsinniger charakteristisch ist: „‚Hier liegt eines der intelligentesten Wesen, das die Erde je gesehen hat.'"

Tatsächlich war Mussolini trotz seiner großen Fähigkeiten labil, verschlagen, grundsätzlich mißtrauisch und pathologisch egoistisch. Außerdem hatte er sich angewöhnt, seine schwache Entschlußkraft mit bombastischen Phrasen zu tarnen. In keiner Phase seiner Karriere zeigte sich diese Unschlüssigkeit deutlicher als zu Beginn des Zweiten Weltkriegs.

Zu den Waffen!

An dem Tag, an dem die deutschen Armeen in Polen einfielen, erschien Graf Galeazzo Ciano, Mussolinis Schwiegersohn und Außenminister, im Palazzo Venezia in Rom. Er traf den Duce hinter seinem Schreibtisch in der Ecke seines riesigen, kahlen Arbeitszimmers an. Mussolini, der ruhig und gefaßt wirkte, erklärte Ciano, er sei in bezug auf diesen Krieg zu einem Entschluß gekommen: Er werde neutral bleiben; Italien werde nicht in den Krieg eintreten.

Ciano war zutiefst erleichtert, denn er hatte Mussolini seit Wochen gedrängt, sich aus dem bevorstehenden Krieg herauszuhalten. Der erst im Mai 1939 in Hitlers Reichskanzlei unterzeichnete Stahlpakt hatte das als Achse Rom-Berlin bekannte Bündnis zwischen Deutschland und Italien in Schriftform zementiert. Artikel III des Stahlpakts sah vor: ,,Wenn es entgegen den Wünschen und Hoffnungen der vertragschließenden Teile dazu kommen sollte, daß einer von ihnen in kriegerische Verwicklungen mit einer anderen Macht oder mit anderen Mächten gerät, wird ihm der andere vertragschließende Teil sofort als Bundesgenosse zur Seite treten und ihn mit allen seinen militärischen Kräften zu Lande, zur See und in der Luft unterstützen.“

Aber Ciano war von dem deutschen Außenminister Joachim von Ribbentrop versichert worden, Deutschland werde nichts tun, um Feindseligkeiten zu provozieren, weil es eine lange Friedensperiode brauche. Mussolini war seinerseits zu der Überzeugung gelangt, Hitler werde keinen entscheidenden Schritt tun, ohne sich zuvor mit ihm zu beraten.

Seither hatten die Italiener jedoch erkennen müssen, daß Hitlers Planung für einen Angriffskrieg weiter fortgeschritten war, als man ihnen zu verstehen gegeben hatte, und daß er keineswegs die Absicht hatte, Rom im voraus über ihre Zielsetzung zu informieren.

„Alle Italiener sind schwatzhaft wie Zigeuner", hatte Josef Goebbels ihn einmal gewarnt, und Hitler glaubte ihm. Schon am Tag nach der Unterzeichnung des Stahlpakts hatte der Führer in seinem Arbeitszimmer gesagt: „Die Geheimhaltung ist die entscheidende Voraussetzung für den Erfolg. Auch Italien... gegenüber muß die Zielsetzung geheim bleiben." Und sie blieb tatsächlich geheim. Zu Cianos Empörung waren die Italiener nicht in die Verhandlungen eingeweiht worden, die zu dem deutsch-sowjetischen Nichtangriffspakt geführt hatten, bevor eine prinzipielle Einigung erzielt worden war.

Nachdem Ciano schließlich bei einem Deutschlandbesuch von diesem Pakt erfahren hatte, hatte er bei seiner Rückkehr nach Rom „völlig die Nase voll von den Deutschen, ihrem Führer und ihren Methoden".

Sie hatten ihn belogen und betrogen; sie versuchten, Italien in ein Abenteuer zu verstricken, das es nicht wollte und das sogar das Ende des faschistischen Regimes bewirken konnte.

Das Bündnis mit Deutschland war in Italien nie populär gewesen, aber seitdem Hitler sich jetzt mit Stalin geeinigt hatte, um das katholische Polen aufteilen zu können, würde es verhaßt sein.

Unmittelbar nach seiner Rückkehr nach Rom hatte Ciano Mussolini aufgesucht, um ihm zu berichten, was er in Berlin über die Methoden und Ziele der Nationalsozialisten in Erfahrung gebracht hatte. „Sie sind Verräter“, hatte er geradeheraus gesagt. „Wir dürfen uns kein Gewissen daraus machen, sie im Stich zu lassen.“ Er war davon überzeugt, daß die Deutschen sich kein Gewissen daraus machen würden, die Italiener im Stich zu lassen, und wußte, daß Hitler bei aller Wertschätzung für Mussolini nur sehr wenig von der italienischen Armee hielt. Hitler hatte Ciano wegwerfend erklärt, er sehe keine Notwendigkeit, Italien „in Erfüllung der bestehenden Verpflichtungen“ des Stahlpakts um Unterstützung zu bitten. „Nach der Niederwerfung Polens (die nicht lange dauern werde) werde Deutschland in der Lage sein,... hundert Divisionen am Westwall aufmarschieren zu lassen.“

„Für die Deutschen“, hatte Ciano erbittert festgestellt, „bedeutet ein Bündnis mit Italien nur, daß der Gegner gezwungen sein wird, uns eine bestimmte Anzahl Divisionen gegenüberzustellen, wodurch die Lage an den deutschen Fronten erleichtert wird... Unser mögliches Schicksal interessiert sie nicht im geringsten.“

Mussolinis Einstellung gegenüber den Deutschen war zwiespältig. Er verübelte ihnen ihre arrogante Haltung im Bündnis mit Italien zutiefst, aber er bewunderte zugleich ihre Macht und militärische Schlagkraft. Manchmal bezeichnete er sie verächtlich als „bloße Söldner, nicht wirkliche Krieger. Man braucht ihnen nur genug Wurst, Butter, Bier und einen kleinen Wagen zu geben, damit sie keinen Drang mehr verspüren, mit ihren Bajonetten Menschen abzustechen“. Noch häufiger sprach er jedoch von ihrer „großartigen kriegerischen Einstellung“ und ihrer

„heldenhaften Philosophie", wobei er ihre Härte mit der Sanftheit seiner eigenen schwachen Landsleute verglich.

Zuletzt war er sich — zumindest für den Augenblick — mit Ciano darüber einig gewesen, daß sie nicht zulassen durften, daß die Deutschen Italien mit in einen Krieg hineinzogen. Obwohl Mussolini bei anderer Gelegenheit geprahlt hatte, „wenn Deutschland es für nötig hält, um Mitternacht mobilzumachen, werden wir um fünf vor zwölf mobilmachen", hatte er eingesehen, daß Italien unter keinen Umständen als Komplice Deutschlands dastehen durfte, wenn Hitler sich dazu entschloß, eine Lunte an das europäische Pulverfaß zu legen.

Die erst vor kurzem eroberten italienischen Gebiete in Nordafrika und Abessinien sowie das 1939 von Italien annektierte Albanien brauchten Frieden, um zu innerer Stabilität zu gelangen. Auch Italien brauchte Frieden, um Fabriken und Maschinen aus dem übervölkerten Norden mit seinen Industriezentren in den verarmten Süden des Landes verlegen zu können — und um seine Devisenreserven durch eine prachtvolle, ehrgeizige internationale Ausstellung zu vermehren, die 1942 in Rom zur Feier des 20. Jahrestages der faschistischen Machtergreifung durch den Marsch auf Rom stattfinden sollte.

Außerdem brauchte Italien Zeit, um die rund eine Million in Frankreich lebenden Italiener heimzuholen und vor allem seine Streitkräfte auf Kriegsstärke zu bringen, ihre Ausrüstung zu modernisieren und ihre Offiziersausbildung zu verbessern. „Bei unseren Begegnungen", klagte Mussolini gegenüber Hitler, „war der Krieg für nach 1942 vorgesehen, und zu jener Periode wäre ich zu Lande, zur

See und in der Luft fertig gewesen gemäß den verabredeten Plänen.“

Aber obwohl er sich darüber im klaren war, daß Italien vor allem Frieden brauchte, daß ein langer Krieg sich katastrophal auswirken könnte und daß „es unmöglich ist, mit verbundenen Augen an der Seite Deutschlands zu marschieren“, hielt er „es immer noch für möglich, daß... Deutschland billig zu einem glänzenden Geschäft kommen könnte“. Ciano hielt in seinem Tagebuch fest, während einer der langen, zu keinem Ergebnis führenden Diskussionen im Palazzo Venezia habe Mussolini ihm zunächst beigepflichtet, Italien dürfe keinen Krieg führen, um dann zu sagen, „die Ehre verlange, daß er mit Deutschland marschiere. Schließlich versicherte er, seinen Anteil an der Beute in Kroatien und Dalmatien bekommen zu wollen.“

Ciano hatte Mussolini vorgeschlagen, seine Ehre zu retten, ohne in den Krieg einzutreten, indem er Hitler davon in Kenntnis setzte, Italien werde sich darauf beschränken müssen, „Deutschland jede Form von politischer und wirtschaftlicher Hilfe, nach der verlangt wird, angedeihen zu lassen“ — es sei denn, Deutschland beliefere es sofort mit großen Mengen Kriegsmaterial und Rohstoffen. Falls die Liste mit den Anforderungen nur groß genug sei, werde Deutschland mit Bedauern erklären müssen, die Lieferwünsche nicht erfüllen zu können. Auf diese Weise habe Italien einen Grund, vorerst neutral zu bleiben, und die italienische Ehre sei gerettet. Auf den Rat Hans Georg von Mackensens hin, des deutschen Botschafters in Rom, der mit Ciano am gleichen Strang zog, wurde eine riesige Liste zusammengestellt, nach der Italien dringend sechs Millionen Tonnen Kohle, zwei Millionen Tonnen Stahl, eine

Million Tonnen Holz sowie 17.000 Militärfahrzeuge und 150 Flakbatterien benötigte.

„Das reicht, um einen Stier umzulegen — falls er lesen kann“, meinte Ciano dazu, und die Deutschen würden bestimmt außerstande sein, auch nur die Hälfte der geforderten Mengen zu liefern. Ribbentrop fragte Bernardo Attolico, den italienischen Botschafter in Berlin, bis wann Italien diese Materialmengen benötige. „Sofort“, antwortete Attolico, um die Forderungen noch unerfüllbarer zu machen, „noch vor Beginn der Feindseligkeiten.“

Das hatte Hitler nicht erwartet. Er brauchte, wie er schon früher eingewandt hatte, keine italienischen Divisionen an der Front; er hatte jedoch gehofft, daß seine Verbündeten zumindest mobilmachen, zur Grenze marschieren und auf diese Weise französische Truppen binden würden. Diese Enttäuschung dämpfte Hitlers Angriffsgeist. Mussolinis offenkundiges Widerstreben, ihn zu unterstützen, sowie die Nachricht vom Abschluß eines britisch-polnischen Beistandspakts, die am selben Tag wie die italienischen Forderungen eingegangen war, bewogen ihn dazu, den Angriffszeitpunkt zu verschieben. Aber diese Atempause dauerte nur wenige Tage; dann warf Hitler alle Zweifel über Bord. Am 1. September 1939 um 4.45 Uhr begann der deutsche Angriff auf Polen.

Obwohl Mussolini im Laufe dieses Tages seine Entscheidung bekräftigte, sich aus dem Krieg herauszuhalten, brachte er es nicht über sich, die sofortigen großen Erfolge des deutschen Blitzkriegs mit der unbeteiligten Gelassenheit eines neutralen Beobachters zu verfolgen. Tatsächlich wollte er nicht einräumen, daß Italien neutral war, sondern bezeichnete sein Land als „nicht kriegführend“. Er teilte dem Faschistischen Großrat mit, Italien werde vorerst keine militärischen Unternehmungen beginnen, aber dies bedeute keine Neutralitätserklärung, denn ein Neutraler sei ein bloßer Zuschauer, dessen Interessen nicht auf dem Spiel stünden, während die Interessen Italiens durch diesen Krieg stärkstens berührt würden. „Hier handelt es sich nicht darum, daß wir nichts zu sagen hätten“, erklärte er. „Wir behalten uns das Recht vor, unser Wort im rechten Augenblick, in unserer eigenen Sprache und auf unsere eigene Art zu sagen. Bis dahin beobachten wir mit eisiger Ruhe und erwägen unseren Entschluß.“

Mussolini war jedoch weit davon entfernt, den Fortgang des Krieges mit „eisiger Ruhe“ zu beobachten, sondern verfolgte ihn mit wachsender, geradezu hektischer Besorgnis und setzte Ciano und anderen Ministern mit seinen Tiraden und seinem Wankelmut bis zur Erschöpfung zu. Kaum eine Woche verging, ohne daß er seine Ansicht über den jetzt zu steuernden Kurs Italiens geändert hätte.

Trotz aller offenkundiger Vorteile der italienischen Neutralität — die der deutschen Konkurrenz entrissenen Auslandsmärkte, vor allem auf dem Balkan, die steigenden Ausfuhren und Aktienkurse — interessierte Mussolini sich weit mehr für die militärischen Erfolge Deutschlands, als für die wirtschaftlichen Fortschritte Italiens. Wenn er an einem Tag noch davon gesprochen hatte, öffentlich die Neutralität Italiens zu erklären, folgte am nächsten Tag einer seiner „kriegerischen Anfälle“, wie Ciano sie bezeichnete, und Mussolini ließ erkennen, wie sehr ihn der Gedanke reizte, an der Seite der Deutschen in den Krieg einzutreten. Dann gab er sich seiner Verzweiflung über den Zustand des italienischen Militärs hin.

Anfang Oktober machte Mussolini sich über Hitlers Siegeszuversicht lustig und äußerte die Überzeugung, daß die Franzosen und Engländer standhalten würden. ,,Er ist wegen Hitlers plötzlichem Aufstieg zu Ruhm etwas verbittert'', konstatierte Ciano. ,,Er wäre sehr befriedigt, wenn Hitler etwas gebremst würde, und sagt dieses Ereignis voraus, weil er es erhofft.'' Wenig später stellte er jedoch aufgebracht und siegesbewußt zugleich fest: ,,Es gibt noch immer einige Verbrecher und Dummköpfe, die glauben, Deutschland werde geschlagen werden. Ich sage euch, daß Deutschland siegen wird... England wird geschlagen werden; unerbittlich geschlagen. Das ist die reine Wahrheit, und ihr solltet sie endlich begreifen.'' Und seiner Frau erklärte er: ,,Es ist unmöglich, sich aus diesem Krieg herauszuhalten, und noch unmöglicher und gefährlicher, nicht an Deutschlands Seite in ihn einzutreten. Der deutsch-sowjetische Nichtangriffsvertrag macht Deutschland gegenüber jeder anderen Macht oder Koalition unschlagbar. ,,Niemand'', wiederholte er immer wieder, ,,niemand liebt einen Neutralen.''

Nach der Einnahme Warschaus durch deutsche Truppen und Ribbentrops Treffen mit Stalin im Kreml, bei dem beschlossen wurde, Polen zwischen Deutschland und Rußland aufzuteilen, glaubte Mussolini, einen Ausweg aus seinem Dilemma gefunden zu haben, indem er einen Verhandlungsfrieden zwischen Deutschland und den Westmächten vorschlug, bei dessen Zustandekommen er eine wichtige Rolle zu spielen gedachte. Auf diese Weise konnte er nicht nur einen Krieg vermeiden, für den Italien nicht gerüstet war, sondern auch die Achtung der Italiener zurückgewinnen, die darüber entsetzt waren, daß die faschistische Regierung untätig zusah, wie Polen, für dessen Verteidigung Tausende von italienischen Freiwilligen zu kämpfen bereit gewesen wären, von zwei heidnischen Staaten zerstückelt wurde.

Hitlers Zurückweisung seiner Vermittlungsbemühungen steigerten Mussolinis Ressentiments und seine Eifersucht so sehr, daß er wieder hoffnungsvoll von einer deutschen Niederlage zu sprechen begann und Ciano gestattete, im Abgeordnetenhaus eine Rede zu halten, in der das Verhalten Deutschlands heftig kritisiert wurde. Dieser Rede folgte ein Brief Mussolinis an den Führer, in dem er seinem Unwillen deutlicher als je zuvor Ausdruck verlieh. Nachdem er eingeräumt hatte, daß taktische Erfordernisse die Vermeidung einer zweiten Front erzwungen hatten, zumal Ribbentrops Voraussage in bezug auf die Nichteinmischung Englands und Frankreichs nicht eingetroffen sei, fuhr Mussolini fort: ,,Rußland ist, ohne einen Schlag zu tun, in Polen und im Ostseegebiet der große Nutznießer des Krieges gewesen. Aber ich, der ich Revolutionär von Geburt bin und meine Anschauungen nicht geändert habe, sage Ihnen, daß Sie nicht ständig die Grundsätze Ihrer Revolution zugunsten der taktischen Erfordernisse eines bestimmten politischen Augenblicks opfern können... Ich habe die unbedingte Pflicht, hinzuzufügen, daß ein weiterer Schritt vorwärts in Ihren Beziehungen mit Moskau katastrophische Rückwirkungen in Italien auslösen würde...“

Nachdem Mussolini diesen Tadel zu Papier gebracht hatte, änderte seine Einstellung gegenüber Deutschland und dem Krieg sich jedoch erneut. Kurz nach seinem Brief an Hitler sprach er in Reden von ,,dem zwangsläufig bevorstehenden Kampf" und erklärte, niemand dürfe dem Irrtum erliegen, die Rüstungsmängel Italiens könnten als Alibi dienen. Wer mutig genug war, zur Vorsicht zu raten, wurde als Feigling abgetan. Als Mussolini hörte, daß König Viktor Emanuel III. die Deutschen im Vergleich zu den Engländern ungünstig beurteilt und sich dafür ausgesprochen hatte, erst in den Kampf einzugreifen, wenn es gelte, „die Scherben aufzulesen", rief er wütend aus: „Warum bleibt die dumme kleine Sardine nicht beim Münzensammeln? Das ist das einzige, wovon er was versteht." Sobald der Krieg zu Ende war, wollte er „Hitler auffordern, diese absurden Anachronismen in Form von Monarchien zu beseitigen."

„Man darf sich nicht verbergen", hielt Ciano am 18. März 1940 in seinem Tagebuch fest, „daß der Duce von Hitler fasziniert ist. Und diese Faszination geht noch dazu in Richtung seiner eigenen Natur, die auf Handlung drängt." Einen Monat später, als die Deutschen in Norwegen weitere Erfolge erkämpft hatten, war Mussolini „kriegerischer und deutschenfreundlicher als je zuvor", und als Deutschland Frankreich angriff, war er von der Angst besessen, Hitler sei dabei, diesen Krieg allein zu gewinnen.

„Vor ein paar Monaten habe ich gesagt, die Alliierten hätten den Sieg verspielt", vertraute er Ciano an. „Heute sage ich dir, daß sie den Krieg verloren haben. Wir Italiener sind schon entehrt genug. Weitere Verzögerungen sind unvorstellbar. Wir haben keine Zeit mehr zu verlieren. Innerhalb eines Monats werde ich den Krieg erklären. Ich werde Frankreich und England in der Luft und zur See angreifen. Ich spiele nicht mehr mit dem Gedanken, gegen Jugoslawien zu den Waffen zu greifen, weil das eine be-

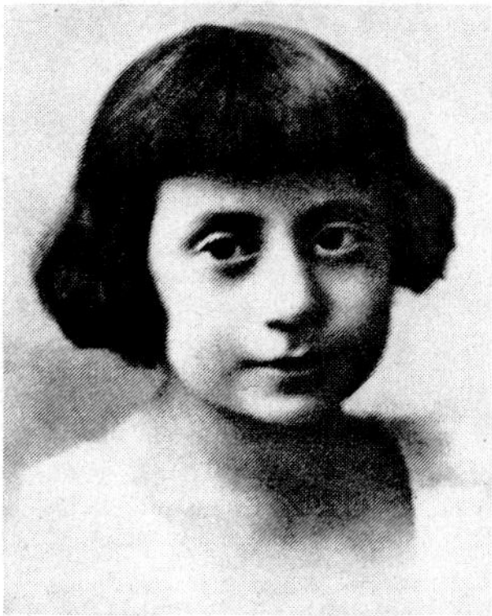

Mussolini als vierjähriges Kind (oben links), als Lehrer um 1912–14 (oben rechts), als Kriegsfreiwilliger im 1. Weltkrieg 1915 (unten links) und nach seiner Verwundung im 1. Weltkrieg in einem Lazarett (unten rechts)

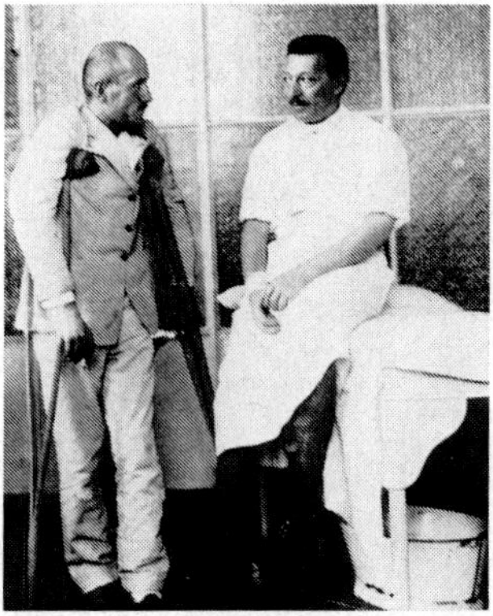

Mit dem Marsch auf Rom 1922 leitete Mussolini (links) die Regierungsübernahme durch den Faschismus ein

Der Staatsmann mit seiner Familie im Badekostüm; das Foto aus den zwanziger Jahren erregte beträchtliches Aufsehen

Mussolini mit Arbeitern in Ostia in den zwanziger Jahren

Feierlicher Empfang einer Abordnung der jemenitischen Regierung bei Mussolini

Der amerikanische Maler Grossmann porträtiert 1929 den Duce

Bei einer Ansprache in Turin im Oktober 1932, wo er über seinen Plan der Einrichtung eines Viererdirektoriums sprach

schämende Notlösung wäre." Ciano äußerte sich nicht dazu. „Ich kann jetzt nichts mehr tun, um den Duce zurückzuhalten", kommentierte er diese Mitteilung. „Er hat zu handeln beschlossen, und er wird handeln. Er glaubt an einen deutschen Erfolg und an die Schnelligkeit dieses Erfolgs. Nur eine Wende auf militärischem Gebiet könnte ihn dazu bringen, seinen Entschluß zu überdenken, aber im Augenblick steht es um die Sache der Alliierten so schlecht, daß darauf nicht zu hoffen ist."

In seiner Hast, in den Krieg einzutreten, bevor es zu spät war, redete Mussolini sich ein, die Italiener bevorzugten einen Kriegseintritt auf der Seite der Deutschen. Die Italiener seien wie eine Hure, sagte er in einer typisch herabsetzenden Äußerung über seine Landsleute: „Stets auf der Seite des Siegers." Trotz aller Beweise für das Gegenteil versicherte er Hitler, die Stimmung der italienischen Bevölkerung sei „einmütig gegen die Alliierten".

Die englische Regierung, die besorgt eine zunehmende Verhärtung der Haltung Mussolinis konstatierte, versuchte mit allen Mitteln, ihn aus dem Krieg herauszuhalten. Wie aus den Akten des englischen Außenministeriums hervorgeht, wurde eine Zeitlang sogar überlegt, Italien die „Gleichberechtigung mit den Kriegführenden" zu versprechen, „damit seine Gebietsansprüche im Rahmen der allgemeinen Neulösung in Europa berücksichtigt werden können". Dieses Angebot wurde jedoch nie gemacht, weil man glaubte, Mussolini werde es — „vielleicht sogar verächtlich" — ablehnen. Statt dessen veröffentlichte der British Council eine Broschüre mit einem empfehlenden Vorwort von Lord Halifax, in der Struktur und Prinzipien des faschistischen Staates sorgfältig von denen des nationalsozialistischen und des sowjetischen Staates unterschieden wurden. Nach Aussage dieser Broschüre war der Faschismus ein typisches „Produkt italienischer Schöpferkraft"; er bedrohe „weder religiöse noch wirtschaftliche Freiheit noch die Sicherheit anderer europäischer Nationen".

Sechs Tage nachdem Winston Churchill Nachfolger Neville Chamberlains als Premierminister geworden war, schrieb er einen persönlichen Bittbrief an den Mann, den er in den zwanziger Jahren so rückhaltlos bewundert hatte. Im Jahre 1927 hatte Churchill bei einem Rombesuch den vielzitierten Ausspruch getan: „Wenn ich ein Italiener wäre, würde ich das faschistische Schwarzhemd anziehen." Auf einer danach stattfindenden Pressekonferenz hatte er bestätigt, als Italiener hätte er von Anfang bis Ende rückhaltlos hinter den Faschisten und ihrem „siegreichen Kampf gegen die bestialischen Triebe und Leidenschaften des Leninismus" gestanden.

Jetzt fragte Churchill Mussolini in einem bewegenden, rhetorischen Brief, der den Duce als ehemaligen Journalistenkollegen beeindrucken sollte: „Ist es zu spät, um zu verhindern, daß ein Strom von Blut zwischen dem englischen und dem italienischen Volk fließt? Wir sind zweifellos imstande, einander tiefe Wunden zu schlagen, uns gegenseitig grausam zu schaden und das Mittelmeer durch unseren Kampf zu verdunkeln. So wird es sein, falls Sie sich dafür entscheiden; ich erkläre jedoch, daß ich niemals ein Feind italienischer Größe noch im Herzen ein Gegner des italienischen Gesetzgebers gewesen bin... Ich bitte Sie, mir zu glauben, daß ich diesen feierlichen Appell, von dem die Nachwelt Kenntnis erhalten wird, nicht aus einem Gefühl der Schwäche oder der Angst an Sie richte. Über die Jahrhunderte hinweg erklingt der alles übertönende Ruf, daß die gemeinsamen Erben der lateinischen und christlichen Zivilisation sich nicht zu einem Kampf auf Leben und Tod gegenübertreten dürfen. Hören Sie auf ihn, darum ersuche ich Sie in allen Ehren und mit allem Respekt, bevor das schreckliche Signal gegeben wird. Es wird niemals von uns gegeben werden."

Ciano hielt den Brief für „würdevoll und edel" und stellte fest, daß selbst Mussolini von diesem Ton angenehm berührt war. Aber seine Antwort war keineswegs ermutigend. Der Duce erinnerte Churchill an die 1935 in Genf von der englischen Regierung ergriffene Initiative mit dem Ziel, Sanktionen des Völkerbundes gegen Italien zu erwirken, das damals dabei war, sich ein kleines Fleckchen unter afrikanischer Sonne zu sichern, ohne anderen Nationen „das geringste Leid" zuzufügen. Er erinnerte ihn auch an die Knechtschaft, die Italien „in seinem eigenen Meer" zu erdulden hatte. „Wenn Ihre Regierung Deutschland den Krieg erklärt hat, um zu ihrer Unterschrift zu stehen", schloß Mussolini „werden Sie verstehen, daß das selbe Ehrgefühl und die Achtung vor den mit dem italienisch-deutschen Vertrag eingegangenen Verpflichtungen die Politik Italiens angesichts aller heute und in Zukunft denkbaren Ereignisse bestimmen."

Mussolini steuerte immer weiter auf eine Kriegserklärung zu, vor der die meisten Italiener — selbst überzeugte Faschisten — Angst hatten. Dabei ignorierte er die Ratschläge des Generalstabs, der darauf bestand, mehr Zeit zu brauchen, um das Land kriegsbereit zu machen; er überhörte die Warnungen des Luftmarschalls Italo Balbo,

1922 einer der vier Anführer des faschistischen Marsches auf Rom und jetzt Oberbefehlshaber in Libyen, der Mitte Mai feststellte, Italien könne in frühestens zwei Monaten kriegsbereit sein — und auch dann nur, wenn es „bestimmte Mengen Waffen und Nachschub" erhalten habe. Er wischte die Statistiken General Carlo Favagrossas, des Staatssekretärs für Kriegsproduktion, vom Tisch, als Favagrossa ihm meldete, selbst wenn er alles bereits angeforderte Material erhalte (was nur möglich gewesen wäre, wenn die Fabriken Nachtschichten eingelegt hätten), sei Italien frühestens im Oktober 1942 kriegsbereit.

Ende Mai rief der Duce Marschall Pietro Badoglio, den Generalstabschef des Heeres, zu sich in den Palazzo Venezia, um ihm mitzuteilen, das Datum für die Kriegserklärung Italiens sei nunmehr auf Anfang Juni festgelegt. Badoglio behauptete später, er habe eingewandt, eine so frühe Kriegserklärung komme einem Selbstmord gleich, aber Mussolini sei hinter seinem Schreibtisch aufgestanden, habe die Arme in die Hüften gestemmt, das Kinn vorgereckt, seinen Kritiker scharf angestarrt und ihm gebieterisch erklärt: „Sie, Marschall, sind nicht ruhig genug, um die Lage zu beurteilen. Ich kann Ihnen sagen, daß bis September alles vorbei sein wird und ich nur ein paar tausend Gefallene brauche, damit ich an der Friedenskonferenz als ein Mann teilnehmen kann, der gekämpft hat."

Mussolini, der die Einwände Badoglios und Balbos beiseitewischte und von dem ausgesprochen deutschenfreundlichen Marschall Rodolfo Graziani, der bei der Eroberung Abessiniens eine entscheidende Rolle gespielt hatte, in seiner Absicht bestärkt wurde, ließ Hitler mitteilen, er sei bereit, England am 5. Juni den Krieg zu erklären —

es sei denn, der Führer halte es „für ratsam, sie einige Tage hinauszuschieben". Wenige Tage zuvor hatte er widerstrebend beschlossen, nichts vor Ende des Monats zu unternehmen, aber jetzt machte die Kapitulation der belgischen Armee jegliche weitere Verzögerung undenkbar.

Hitler hatte jedoch seine Gründe dafür, keinen sofortigen Kriegseintritt der Italiener zu wünschen: Er plante einen entscheidenden Schlag gegen die französischen Flugplätze und wollte keine französische Umgruppierung riskieren, die den Erfolg seines Unternehmens hätten gefährden können. Mussolini erklärte sich widerstrebend mit einer Verschiebung auf den 11. Juni einverstanden — auf ein Datum, von dem er behauptete, es bedeutete ein gutes Omen für ihn.

Marschall Balbo kehrte bedrückt auf seinen Posten in Italien zurück. Er haßte die Deutschen und gestand Ciano vor seiner Abreise ein, seine Verbände seien nur für eine kurze Auseinandersetzung gerüstet, und er fürchte, dieser Krieg werde sehr lange dauern. Als Soldat werde er kämpfen, aber ihm fehle der Glaube an den Sieg. Diese Ansicht teilten viele seiner Offizierskameraden.

Im Gegensatz dazu erwartete Mussolini die Kriegserklärung äußerst gespannt und ungeduldig. Am 8. Juni freute er sich über die Meldung, daß die Deutschen auf stärkeren französischen Widerstand stießen, denn wenn sie jetzt geschwächt wurden, „würden sie das Kriegsende nicht zu frisch und zu stark erreichen". Und am 9. Juni ärgerte er sich darüber, daß Ribbentrop die Unverschämtheit besessen hatte, den Text seiner vorgesehenen Rede zu verlangen. „Er ist immer der selbe anmaßende Flegel", stellte der Duce aufgebracht fest. „Ich bin nicht sein Lakai und habe nicht die Absicht, es zu werden.“

Am nächsten Tag wurde die schicksalhafte Erklärung endlich abgegeben. Der jetzt zum Oberbefehlshaber der Frontverbände ernannte Duce marschierte auf den Balkon über der Piazza Venezia hinaus, auf dem er schon so viele dramatische Ankündigungen verlesen hatte, und rief mit unnatürlich hoher Stimme:

„Kämpfer zu Lande, zu Wasser und in der Luft!

Schwarzhemden der Revolution und der Legionen, Männer und Frauen Italiens, des Imperiums und des Königreichs Albaniens, hört!

Die vom Schicksal bestimmte Stunde ist am Firmament unseres Vaterlandes. Die Stunde unwiderruflicher Entscheidungen hat geschlagen. Die Kriegserklärung ist bereits an die Botschafter Großbritanniens und Frankreichs überreicht worden. Wir treten gegen die plutokratischen und reaktionären Demokratien des Westens zum Kampf an, die zu jeder Zeit unseren Aufstieg behindert und oft die Existenz des italienischen Volkes hinterlistig bedroht haben...

Italiener! In einer denkwürdigen Massenkundgebung, der von Berlin, sagte ich, daß nach den Gesetzen der faschistischen Moral man mit einem Freund bis zum Ende marschiert. So haben wir es gehalten, und so werden wir es halten an der Seite Deutschlands, an der Seite seines Volkes und an der Seite der siegreichen deutschen Wehrmacht. An diesem Vorabend eines Ereignisses von säkularer Tragweite erheben wir unsere Gedanken zu Seiner Majestät dem König und Kaiser, der immer die Stimme des Vaterlandes zum Ausdruck gebracht hat, und entbieten mit lauter Stimme dem Führer unseren Gruß, dem Haupt Großdeutschlands!

Zum dritten Male erhebt sich das proletarische und faschistische Italien, stark, stolz, geschlossen wie noch nie. Die Losung ist eine einzige und kategorische und für alle verpflichtende, die bereits auf den Wellen des Äthers dahinschwebt und die Herzen von den Alpen bis zum Indischen Ozean entflammt und begeistert: Siegen!

Und wir werden siegen, bis endlich eine lange Periode des Friedens und der Gerechtigkeit für Italien, für Europa, für die Welt anbrechen wird. Volk Italiens, ans Gewehr! Zeige deine Zähigkeit, deinen Mut und deine ganze Tüchtigkeit!"

Wie alle großen Reden des Duce wurde auch diese von den jungen Faschisten auf dem Platz mit wildem Jubel aufgenommen — aber ,,das Geschrei auf der Piazza", das hatte schon Cavour gesagt, ,,darf nicht als Ausdruck der öffentlichen Meinung betrachtet werden".

Am Abend dieses Tages war es in Rom eigenartig, bedrückend still, als sei die Stadt in Trübsal versunken, weil sie das bevorstehende Elend ahne. ,,Ich bin traurig, sehr traurig", lautete Cianos Tagebucheintrag, der ein weitverbreitetes Gefühl wiedergab. ,,Das Abenteuer beginnt. Möge Gott Italien beistehen!"

Italien konnte allerdings Beistand brauchen. Wie die wenigen Fachleute, die es wagten, Mussolinis Zorn und Verachtung zu trotzen, ihm warnend mitgeteilt hatten, war das Land hoffnungslos schlecht auf einen Krieg vorbereitet. Der Abessinienfeldzug und die daran anschließende Unterstützung General Francisco Francos im Spanischen Bürgerkrieg hatte die an sich unzulänglichen militärischen Machtmittel Italiens so sehr beansprucht, daß Mussolinis oft wiederholte prahlerische Behauptung von „*otto milioni di baionette*" jeglicher Grundlage entbehrte. Und selbst wenn es möglich gewesen wäre, acht Millionen Mann mit Bajonetten auszurüsten, hätten die italienischen Streitkräfte trotzdem nur sehr wenige für einen modernen Krieg geeignete Waffen gehabt. Ein Großteil der Ausrüstung war veraltet oder zumindest überaltert. Die Panzerdivisionen hatten keine modernen Panzer und waren so knapp an anderen Fahrzeugen, daß sie bei Paraden sogar Polizeifahrzeuge ausleihen mußten. Die Artillerie war zum Teil noch mit Geschützen aus dem Ersten Weltkrieg ausgerüstet, und der Mangel an Flakbatterien war notorisch. Die Marine besaß weder Flugzeugträger noch Marineflieger. Die Luftwaffe war noch schlechter ausgerüstet als das Heer, denn sie verfügte über weniger als 1.000 einsatzbereite Flugzeuge, obwohl General Giuseppe Valle, der Staatssekretär für die Luftwaffe, Mussolini versichert hatte, er habe mehr als dreimal so viele Maschinen zur Verfügung.

Alle Einheiten waren personell unterbesetzt. Viele der sogenannten Divisionen bestanden lediglich aus drei oder vier Bataillonen, von denen wiederum nur wenige kampftauglich waren. Es erwies sich nicht nur als völlig unmöglich, innerhalb weniger Stunden diese acht Millionen Mann mobilzumachen, wofür General Alberto Pariani, der Staatssekretär für das Heer, sich verbürgt hatte, sondern in Wirklichkeit zeigte sich, daß es Wochen dauerte, bis auch nur die Hälfte dieser Zahl mobilgemacht war — und das unter kaum abschätzbaren Verlusten für Industrie und Landwirtschaft.

Solche Fehleinschätzungen waren für die nur nach außen hin tüchtig wirkende faschistische Regierung charakteristisch, deren verschiedene Ministerien eine so widersprüchliche und desorganisierte Politik betrieben, daß es möglich war, daß noch Anfang 1940 kriegswichtige Waren und Rohstoffe aus Italien nach England exportiert wurden. Mussolini, der seit 1925 an der Spitze der drei Ministerien für die Teilstreitkräfte stand — abgesehen von einer kurzen Unterbrechung in den Jahren 1929-33 —, hätte den tatsächlichen Stand der Dinge kennen und aus dieser Erkenntnis heraus auf den Eintritt in einen vernichtenden Krieg verzichten müssen. Aber er hatte sich stets mehr für hochfliegende Pläne, als für hinderliche Nachschubprobleme interessiert und sich mehr um Uniformen, Orden und Dinge wie die Einführung des deutschen Stechschritts, den er als *Passo romano* bezeichnete, ins italienische Heer gekümmert, als sich mit den wirklich wichtigen Aufgaben eines Oberbefehlshabers zu befassen. Anstatt zu versuchen, solche Probleme selbst zu lösen, überließ er diese Aufgabe unfähigen und oft devoten Untergebenen, die ihm erzählten, was er hören wollte, anstatt ihm zu melden, was er hätte erfahren müssen. Mussolini war so sehr ein Opfer seiner eigenen Propaganda geworden, daß er unwillkommene Wahrheiten, die ihm aufgedrängt wurden, in den meisten Fällen ignorierte oder es vorzog, sie einfach nicht zu glauben.

Die intelligenteren seiner Minister wußten, daß zu seinen vielen bemerkenswerten Gaben kein Talent für Verwaltungsarbeit gehörte. Der Duce hatte keinen Begriff davon, was es bedeutete, in Kriegs- oder Friedenszeiten Chef einer Regierung zu sein; er hatte nichts für Organisation übrig, brachte keine Geduld für schwierige Arbeit auf und hatte einen Horror davor, Entscheidungen treffen zu müssen. Er war imstande, zwei einander widersprechende Denkschriften zweier Ministerien mit dem handschriftlichen Vermerk „Genehmigt" zu versehen und dann nach nebenan zu gehen, wo eine seiner Geliebten sich bereithielt, um seinen ungewöhnlich ausgeprägten Sexualtrieb zu befriedigen.

Selbstverständlich war Mussolini nach Temperament und Neigung gar kein Politiker, sondern ein Journalist, dessen Genie — wie er selbst stolz andeutete — hauptsächlich in der Beeinflussung der Massen durch das geschriebene und gesprochene Wort lag. Das Problem lag jedoch darin, daß Mussolini nicht damit zufrieden war, die Meldungen und Schlagzeilen zu schreiben. Er wollte sie auch leben und sich in seinem Glanz vor der ganzen Welt zeigen. Zuletzt war es sein wachsender Neid auf Hitler, seinen begabteren und brutaleren Konkurrenten, der ihn ins Verderben stürzte.

Nachdem der Krieg erklärt war, konnte der Duce nur noch hoffen, daß er so rasch wie möglich zu Ende gehen werde, bevor die Unhaltbarkeit der faschistischen Propaganda vor aller Welt entlarvt wurde. Trotz seiner ärgerlichen Zurückweisung der Ratschläge seiner vorsichtigeren Minister und Generale, trotz seiner Bereitschaft, lieber dem unbekümmerten Optimisten, als dem Realisten zu glauben, war ihm der schlimme Zustand der italienischen Streitkräfte nicht ganz unbekannt; in vernünftiger Stimmung gestand er ihn sogar ein.

Kurz nach Kriegsausbruch wurde ihm ein Bericht Grazianis vorgelegt, aus dem hervorging, daß das italienische

Heer nur zehn kampfstarke Divisionen besaß. Die 35 übrigen waren „zusammengewürfelt, unter Soll-Stärke und schlecht ausgerüstet". Er akzeptierte diesen Bericht als zutreffend und äußerte sich „in bitteren Worten über den wahren Zustand des Heeres", der „erbärmlich" sei. Dann tröstete er sich jedoch mit freundlicheren Gedanken über die Stärke seiner Luftwaffe, wobei seine Berechnungen auf absurd optimistischen Schätzungen General Valles basierten — eines Mannes, den der ältliche und erfahrene faschistische Marschall Emilio de Bono kurzerhand als „Hanswurst" abtat.

Sobald der Krieg erklärt war, drängte Mussolini auf ein sofortiges, durchschlagendes Unternehmen, obwohl seine Auffassung darüber, wie es aussehen sollte, sich mehrmals änderte. Anfangs schlug er einen großen Luftangriff auf Frankreich vor, dann spielte er mit dem Gedanken, die englischen Mittelmeerstützpunkte bombardieren zu lassen, und zuletzt befahl er einen massiven Landangriff über die Alpen hinweg, der binnen drei Tagen vorgetragen werden sollte. Sein Stab wandte betreten ein, unter Umständen genügten nicht einmal drei Wochen für die erforderlichen Vorbereitungen. Bevor die Italiener überhaupt dazu kamen, sich in Marsch zu setzen, und bevor sie Gelegenheit hatten, wenigstens einen symbolischen Sieg zu erringen, kapitulierte Frankreich.

Mussolini reiste zu einem Treffen mit Hitler ab und war sich über die traurige Tatsache im klaren, daß seiner Meinung „lediglich beratender Wert" zukam, wie Ciano es ausdrückte. Hitler hatte den Westfeldzug ohne die aktive militärische Unterstützung Italiens gewonnen, und das gab Deutschland das Recht, Frankreich seine Waffenstillstandsbedingungen zu diktieren. ,,Das stört und betrübt ihn natürlich", fuhr Ciano fort. ,,Seine Gedanken über das italienische Volk und vor allem unsere Streitkräfte sind äußerst bitter." In München war es ihm ,,sehr peinlich", eine ,,untergeordnete Rolle" spielen zu müssen, und er berichtete Ciano ,,nicht ohne Bitterkeit und Ironie" von seinen Gesprächen mit Hitler. Mussolini fürchtete damals, der Frieden stehe vor der Tür, so daß er erneut um den unerreichbaren Traum seines Lebens — Ruhm auf dem Schlachtfeld — gebracht werden würde.

Tatsächlich legte er so großen Wert auf irgendeinen Sieg, daß er auf einem Angriff auf die französische Alpenfront bestand, obwohl bereits Waffenstillstandsverhandlungen begonnen hatten und Badoglio sich nachdrücklich dagegen aussprach, über eine geschlagene Armee herzufallen. Da die italienischen Divisionen an der Grenze zu Frankreich noch nicht einsatzbereit waren, mußte Mussolini sich mit einem örtlich begrenzten Angriff in einem kleinen Sektor nahe der Schweizer Grenze zufriedengeben. Aber selbst dieses Unternehmen wurde von der ersten französischen Stellung, die Widerstand leistete, zum Stehen gebracht.

Auch in Nordafrika mußten die italienischen Truppen schon in den ersten Kriegstagen eine Serie von Niederlagen einstecken, die Mussolini veranlaßten, wütend über Marschall Balbo und das ganze italienische Volk herzuziehen.

,,Mir fehlt das geeignete Material", protestierte er. ,,Auch Michelangelo hat Marmor gebraucht, um seine Statuen zu erschaffen. Hätte er nur Ton gehabt, wäre er bloß ein Töpfer gewesen. Ein Volk, das sechzehn Jahrhunderte lang Amboß gewesen ist, kann nicht innerhalb weniger Jahre Hammer werden." Aber er war entschlossen, alles in seiner Macht Stehende zu tun, um diese ,,Rasse von Schafen" zu harten Männern zu erziehen. ,,Wir müssen sie von Morgen bis Abend unter Disziplin und in Uniform halten", sagte er. ,,Und auf sie einhämmern und einhämmern und einhämmern."

Das wurde zu seinem Hauptthema während des Krieges. Jeder Rückschlag ließ sich auf die Inkompetenz und Schwäche dieses ,,weichen und unwürdigen Volkes", dieser ,,durch Kunst verweichlichten Rasse" zurückführen. Er hatte weder fähige Generale noch tapfere Männer, die ihre Befehle ausführten. Was ließ sich mit solch wertlosem Menschenmaterial erreichen?

Mißerfolge in Griechenland

Nachdem Mussolini durch den Waffenstillstand um die Chance zu einem Sieg über französische Truppen gebracht worden war, hielt er ungeduldig nach weiteren Opfern Ausschau. Er spielte mit dem Gedanken an einen Angriff auf Jugoslawien, „eine typische Versailles-Schöpfung, die gegen uns arbeitet“.

„Wir müssen Jugoslawien niederringen“, hatte er schon früher gefordert. „Wir brauchen Rohstoffe, und wir müssen sie uns aus jugoslawischen Bergwerken holen.“ Er dachte auch schon früher an einen Angriff auf Griechenland. Aber Hitler wollte noch keine kriegerischen Verwicklungen auf dem Balkan: Er fürchtete die russische Reaktion auf einen Einmarsch der Achsenmächte in Jugoslawien und die Wirkung eines Angriffs auf Griechenland auf die öffentliche Meinung und die Neutralität Amerikas. Deshalb drängte er die Italiener, sich auf ein viel lohnenderes Vorhaben zu konzentrieren — die Vertreibung der Engländer aus Ägypten und dem Nahen und Mittleren Osten. Nichts hätte Mussolini mehr befriedigt, als ein wirkungsvoller Angriff auf Ägypten von Libyen aus, wo die italienischen Truppen erheblich verstärkt worden waren. Aber Graziani brachte die gewohnten Ausflüchte vor: Ein so wichtiges Unternehmen konnte nicht von heute auf morgen begonnen werden, die Vorbereitungen waren noch keineswegs abgeschlossen, weiterer Nachschub wurde dringend benötigt.

Als eine Woche nach der anderen verhältnismäßig ruhig

dahinplätscherte, wurde Mussolini immer ungeduldiger. Sein Angriffsgeist mußte sich mit gelegentlichen Bombenangriffen auf Malta und Überfällen auf schwache Verbände der englischen Mittelmeerflotte zufriedengeben. Der Duce gewöhnte sich an, jeden ihm gemeldeten kleinen Erfolg als großen Sieg zu feiern, während er andererseits italienische Niederlagen als bedeutungslos abtat. Obwohl die englische Mittelmeerflotte nur sehr geringe Schäden erlitt, worüber sich die italienische Marine durchaus im klaren war, zog er es vor, den weit übertriebenen Meldungen der *Regia Aeronautica* zu glauben. Mitte Juli 1940 behauptete er zuversichtlich, daß bereits die Hälfte des britischen Marinepotentials im Mittelmeer vernichtet sei.

Aber Mussolini wollte viel mehr, als die beruhigende Illusion, Seesiege erkämpft zu haben; er wollte imstande sein, mit seinen kurzen, kräftigen Fingern auf die Wandkarten im Palazzo Venezia zu zeigen, um Besuchern zu demonstrieren, wie italienische Verbände die Armeen der dekadenten Demokratien aufrollten.

Mussolini bot Hitler eifrig an, ihn bei der bevorstehenden Invasion in England mit italienischen Divisionen und Flugzeugen zu unterstützen. Die Antwort blieb lange aus; als sie endlich kam, lautete sie, wie zu erwarten gewesen war: Das Angebot wurde dankend zur Kenntnis genommen, aber die Versorgung zweier Armeen werfe zu große Schwierigkeiten auf; außerdem sei das italienische Interessengebiet ohnehin das Mittelmeer, wo man von deutscher Seite gern bereit sei, den Verbündeten bei Luftangriffen auf den Suezkanal zu unterstützen.

So mußte der Duce weiterwarten, während die italienischen Verluste allmählich stiegen. Marschall Balbo fand den Tod, als eine italienische Flakbatterie bei Tobruk seine Maschine, die sie für ein englisches Flugzeug gehalten hatte, versehentlich abschoß. Wenige Tage später meldete Admiral Domenico Cavagnari, der Chef des Admiralstabs, der ständig darüber klagte, daß das Oberkommando uneins sei und aus Männern bestehe, von denen keiner Verantwortung zu tragen bereit sei, den Verlust von zehn U-Booten. Im ersten Monat nach dem Kriegseintritt Italiens wurden 250 italienische Flugzeuge abgeschossen oder am Boden zerstört.

Der über die unerträglichen Verzögerungen vor Beginn der italienischen Offensive in Nordafrika erbitterte Duce gab am 7. September 1940 auf einer Ministerratssitzung warnend bekannt, wenn der Angriff nicht am nächsten Montag beginne, werde Graziani seines Postens enthoben. Graziani forderte erneut zur Vorsicht und einer Verschiebung des Angriffsbeginns auf und untermauerte seinen Protest mit der Feststellung, alle seine Generale stimmten darin mit ihm überein. Er plädierte für eine Verschiebung um mindestens 4 Wochen, und Marschall Badoglio schloß sich dieser Forderung an. Unter verstärktem Druck Mussolinis gaben die beiden jedoch nach und erteilten endlich den Angriffsbefehl.

In Nordafrika hatte die Initiative bisher ausschließlich bei den Briten gelegen. Drei Tage vor Mussolinis Kriegserklärung hatte Generalleutnant Richard O'Connor den Oberbefehl über einen als Western Desert Force bekannten Verband übernommen, dessen Hauptquartier sich in Marsa Matruk befand, und war von General Maitland Wilson, dem englischen Oberbefehlshaber in Ägypten, damit beauftragt worden, eine italienische Offensive aufzuhalten.

Das war theoretisch ein sehr schwieriger Auftrag, denn Graziani befehligte eine zahlenmäßig weit überlegene Armee, die aus neun regulären Divisionen, drei Divisionen Schwarzhemden und zwei libyschen Divisionen bestand — insgesamt eine Streitmacht, die mit ihren Versorgungseinheiten fast 250.000 Mann stark war. Seit der Niederlage Frankreichs brauchten diese Männer nicht mehr auf Angriffe aus Tunesien oder Algerien im Westen oder aus dem Niger oder dem Tschad im Süden gefaßt zu sein, so daß Graziani seine gesamte Schlagkraft auf einen Vorstoß nach Osten, nach Ägypten hinein konzentrieren konnte. Und in Ägypten standen keine 40.000 britischen Soldaten.

Trotz dieses Mißverhältnisses waren O'Connor, Wilson und ihr Vorgesetzter, General Sir Archibald Wavell, gemeinsam entschlossen, der italienischen Bedrohung kraftvoll und offensiv zu begegnen. Die Western Desert Force trat sofort nach Kriegsausbruch in Aktion. Innerhalb weniger Wochen waren 500 italienische Soldaten und 25 Offiziere, darunter ein General, in Gefangengeschaft geraten, weit mehr waren verwundet worden oder gefallen, und große Teile von Grazianis Armee waren entlang der Grenze durch ständige Störangriffe in Alarmbereitschaft gehalten worden.

Als Grazianis aus sechs Infanteriedivisionen und acht Panzerbataillonen bestehender Angriffsverband auf Mussolinis Drängen endlich im September offensiv wurde, griffen die Italiener im Gegensatz zu den Engländern weder energisch noch gut geführt an. Der Angriff blieb schon bald bei Sidi Barrani liegen, wo Graziani seine Truppe Stellungen beziehen ließ, in denen sie die Nachschublieferungen abwarten sollten, ohne die er ein weiteres Vorrücken für unmöglich hielt.

Immerhin war ein Vormarsch zu verzeichnen. Die Engländer waren zurückgedrängt worden, italienische Truppen standen in Ägypten, und Mussolini hatte Grund, einen Sieg zu feiern. Diese Gelegenheit nützte er weidlich. Anfangs hatte ihm die Schwerfälligkeit des italienischen Vormarschs Sorgen gemacht, aber am 17. September 1940 „strahlte er vor Freude".

Da er die Alleinverantwortung für die Offensive übernommen hatte, war er „stolz, daß er recht behalten hatte", wie Ciano berichtete. Der Duce wartete voller Ungeduld auf weitere Siegesmeldungen aus Ägypten. Er wollte hören, daß Graziani an Sidi Barrani vorbei und durch Marsa Matruk nach Alexandrien vorgestoßen war. Während er auf neue Meldungen wartete, spielte er mit dem Gedanken, Korsika anzugreifen, und drohte außerdem, in Rumänien zu intervenieren. Vor allem beschäftigten ihn jedoch die Engländer in Ägypten. Er sprach jeden Tag irritiert über Grazianis unerklärliches Zögern, seine Offensive wiederaufzunehmen. Trotzdem blieb er guter Laune, weil er recht gut wußte, daß er zum erstenmal seit Kriegsausbruch Grund hatte, seiner nächsten Begegnung mit Hitler zufrieden entgegenzusehen.

Zu dieser Begegnung kam es am 4. Oktober 1940 am Brenner. Mussolini konnte dabei befriedigt konstatieren, daß nicht mehr von einer deutschen Invasion in England gesprochen wurde, England sich für Deutschland als „ein harter Knochen" erwiesen hatte und der Kriegsschauplatz Mittelmeer jetzt größere Beachtung fand, wobei der italienische Vorstoß nach Ägypten als bedeutsam gewürdigt wurde.

„Selten nur habe ich den Duce in so guter Laune und in so guter Form gesehen wie heute am Brenner", berichtete Ciano. „Die Begegnung war herzlich, und die Unterredung war bestimmt die interessanteste, die bisher stattgefunden hat." Auf der Rückfahrt erklärte Mussolini seinem Außenminister zufrieden, er werde Graziani jetzt drängen, die Offensive sofort wiederaufzunehmen, habe die Absicht, General Ettore Muti als Sekretär der Faschistischen Partei durch einen dynamischeren Nachfolger zu ersetzen, und verabscheue den König, „weil er der einzige Defätist des Landes ist."

Nachdem Mussolini nach Rom zurückgekehrt war, verflog seine gute Laune jedoch bald. Von Graziani lag ein weiterer pessimistischer, ausweichender Lagebericht vor, aber noch schlimmer waren die Meldungen über die Entsendung deutscher Truppen nach Rumänien, die Hitler befohlen hatte, ohne seinen Verbündeten zu konsultieren oder auch nur von seinen Absichten in Kenntnis zu setzen.

„Hitler stellt mich immer vor vollendete Tatsachen!" tobte der Duce vor Ciano. „Diesmal werde ich ihm in der gleichen Münze heimzahlen. Er wird aus den Zeitungen erfahren, daß ich in Griechenland einmarschiert bin. So wird das Gleichgewicht wieder hergestellt sein." Er wurde gefragt, ob Marschall Badoglio mit dem geplanten Unternehmen einverstanden sei. „Noch nicht", antwortete er, „aber ich gebe meine Demission als Italiener, wenn jemand Schwierigkeiten darin findet, sich mit den Griechen zu schlagen."

Die Idee, Griechenland von Albanien aus anzugreifen, reizte Mussolini schon lange. Wären nicht Hitlers Einwände und das Bewußtsein gewesen, daß er es sich nicht leisten konnte, die entscheidend wichtigen deutschen Rohstofflieferungen zu gefährden, hätte er schon Monate früher losgeschlagen. Die Gebietsgewinne, die Rußland und andere Staaten mit Hitlers Einverständnis auf dem Balkan gemacht hatten, hatten ihn in seinem Entschluß bestärkt. Deutschland hatte zugelassen, daß die Sowjetunion sich Bessarabien von Rumänien zurückholte, Bulgarien die Süddobrudscha wiederbesetzte und Ungarn die drei Szekler-Provinzen sowie Nordsiebenbürgen beanspruchte, obwohl Bulgarien und Ungarn sich im Krieg nicht auf die Seite Deutschlands gestellt hatten, wie Italien es getan hatte. Da Hitlers Truppen nun in Rest-Rumänien einmarschiert waren, ohne daß Italien konsultiert worden wäre, hielt Mussolini es für angebracht, seine Truppen in Griechenland einmarschieren zu lassen, ohne zuvor Deutschland zu konsultieren.

Er hatte Hitler bereits in vager Form über seine Absichten informiert und darauf hingewiesen, daß Schritte unternommen werden müßten, um zu verhindern, daß die griechischen Inseln englische Stützpunkte würden. Andererseits war kein Termin genannt worden, und obwohl die Deutschen wegen der aus Albanien gemeldeten italienischen Truppenverstärkungen und wegen des von Italien gegen Griechenland entfesselten Nervenkriegs besorgt waren, hatten sie sich von Mussolini mit der Versicherung beschwichtigen lassen, sein Aufmarsch an der griechischen Grenze habe „rein vorbeugenden Charakter", denn er solle ein englisches Eingreifen in diesem Gebiet verhindern und zugleich die von einer griechischen Mobilmachung — von der noch keine Rede sein konnte — ausgehende Gefahr neutralisieren.

So hatten die Deutschen den Eindruck gewonnen, Italien sei bereit, sich auf seine Verpflichtungen dem Achsenpartner gegenüber in Nordafrika zu konzentrieren.

Mussolini nahm diese Bündnispflichten durchaus ernst, aber sie hinderten ihn nicht daran, anderswo Ehrgeiz zu entwickeln. Er war sich darüber im klaren, wie wichtig Ägypten und die Öllieferungen aus dem Irak für England waren; er behauptete einmal sogar, die Eroberung Ägyptens sei wichtiger als die Besetzung Londons. Aber er betrachtete die Eroberung Griechenlands nicht als Alternative zur Eroberung Ägyptens, sondern wollte beide Länder nacheinander besetzen. Er würde an einem Tag als Sieger in Athen und am nächsten in Kairo einziehen.

Die Gelegenheit, ganz Griechenland dem Neuen Römischen Reich einzuverleiben, erschien besonders günstig, denn das Land war zufriedenstellend isoliert. Die Türkei hatte sich als nicht-kriegführend erklärt, und England war zu stark in Nordafrika und in der Heimatverteidigung engagiert, um den Griechen wirkungsvoll helfen zu können. Außerdem wurde Mussolini gemeldet, der griechische Widerstand werde bald zusammenbrechen. Die Italiener hatten bereits alles getan, um die Griechen zu provozieren: Griechische Zerstörer und U-Boote waren im Hafen Navpaktos von italienischen Flugzeugen bombardiert worden; ein italienisches U-Boot hatte im Mittelmeer einen griechischen Dampfer angegriffen; ein vor Tinos liegender griechischer Kreuzer war von einem italienischen Torpedo getroffen worden, als der größte Teil der Besatzung sich am Fest Maria Himmelfahrt zum Kirchgang an Land befunden hatte.

Unter dem wachsamen Blick des griechischen Diktators General Ioannis Metaxas protestierte die griechische Presse jedoch nicht so energisch, wie es diese Angriffe verdient hätten, und obwohl Mussolini ausdrücklich gewarnt worden war, daß die Griechen sich gegen einen Überfall zur Wehr setzen würden, bezweifelte er, daß ihr Widerstand stark sein oder lange anhalten würde.

General Visconti Prasca, der italienische Oberbefehlshaber in Albanien, rechnete jedenfalls nicht mit einem längeren griechischen Widerstand. Auch General Francesco Jacomoni di Sanlavino, der Statthalter in Albanien, rechnete ebenfalls nicht damit. Und Ciano schloß sich dieser Auffassung an. Mussolini machte sich seinerseits nicht die Mühe, ihr Urteil daraufhin zu prüfen, ob es wohlüberlegt und neutral war. Es war der Rat, den er hören wollte, deshalb akzeptierte er ihn. Tatsächlich hatte Visconti Prasca erst Ende Januar 1940 die Überzeugung geäußert, die französische Armee sei die beste der Welt und die Deutschen würden den bevorstehenden Westfeldzug verlieren. Jacomoni, der sich als nicht minder schlechter Prophet erwiesen hatte, war mit einer Frau verheiratet, die als Cianos Geliebte galt. In Rom hieß es damals, Jacomoni und Ciano befürworteten den Angriff auf Griechenland nicht nur, um den deutschen Einfluß auf dem Balkan einzudämmen, sondern vor allem auch, weil sie persönlich an einer Ausweitung der italienischen Einflußsphäre interessiert waren.

Unabängig davon, aus welchen Gründen sie zum Angriff drängten, nahm Mussolini ihren Rat gern an und ignorierte die Bedenken der drei Stabschefs, die nervös auf die Schwierigkeiten eines Gebirgskriegs zu so fortgeschrittener Jahreszeit hinwiesen. Einen Bericht des militärischen Nachrichtendienstes, der zu den wenigen zuverlässigen

Einheiten des italienischen Heeres gehörte, mit beunruhigenden Angaben über die voraussichtliche Stärke des griechischen Widerstands tat der Duce als absurd pessimistisch ab.

Marschall Badoglio forderte Ciano dringend auf, den Versuch zu machen, Mussolini von seinem Entschluß abzubringen. Er erklärte Ciano, die in Albanien stehenden eigenen Kräfte seien zu schwach. Die Marine bezweifle, daß eine Landung bei Prevesa wegen des zu seichten Wassers möglich sei. Eine Invasion, die nicht rasch zum Sieg führe, müsse den Krieg verlängern und die ohnehin jämmerlichen Reserven Italiens aufzehren. Badoglio schloß mit der Drohung, er werde demissionieren, falls der Angriff auf Griechenland stattfinde.

„Ich berichte alles dem Duce, der schon wegen der Sache mit Graziani sehr schlechter Laune ist“, notierte Ciano in seinem Tagebuch. „Er hat einen heftigen Wutanfall und erklärt, daß er persönlich nach Griechenland gehen wird, ‚um die unglaubliche Schande der Italiener zu sehen, die vor den Griechen Angst haben‘. Er will um jeden Preis marschieren, und wenn Badoglio seine Demission geben will, so wird er sie sogleich annehmen.“

Aber Badoglio erklärte nicht nur nicht seinen Rücktritt, sondern hatte auch nicht den Mut, Mussolini ebenso deutlich wie Ciano vor dem griechischen Abenteuer zu warnen. So stürzte der Duce sich nicht zum erstenmal in den Kampf, ohne vollständig darüber informiert zu sein, was aus fachlicher Sicht dagegen sprach, hartnäckig entschlossen, die vorgebrachten Argumente zu ignorieren, und von Gunstsuchenden und Jasagern in seinem Entschluß bestärkt.

Nachdem Mussolini einen Brief an Hitler geschrieben hatte, in dem er in unbestimmten Ausdrücken und ohne Nennung des Termins auf das geplante Unternehmen anspielte, ließ er Griechenland ein Ultimatum überreichen. Wie General Armelini berichtete, verschob er den Angriffstermin innerhalb einer Viertelstunde fünfmal; schließlich legte er ihn jedoch auf den 28. Oktober 1940, den Jahrestag des Marsches auf Rom.

Am Morgen dieses Tages wurde General Metaxas um 3 Uhr auf Veranlassung des italienischen Botschafters Emmanuele Grazzi geweckt, der ihm das Ultimatum überreichte. Es forderte für eine Anzahl italienischer Einheiten, die um 6 Uhr — also in nur drei Stunden — aus Albanien abmarschieren würden, freien Durchzug zu verschiedenen strategisch wichtigen Punkten Griechenlands. Das von Ciano abgefaßte Ultimatum ließ Metaxas lediglich die Wahl zwischen italienischer Besetzung oder Krieg.

Als Mussolini an Hitler schrieb, um ihn über sein Vorhaben zu informieren, befand der Führer sich auf der Fahrt nach Hendaye zu Gesprächen mit Franco, den er vergeblich zum Kriegseintritt zu bewegen versuchte. Von Hendaye aus fuhr er nach Montoire zu einem Treffen mit Marschall Philippe Pétain, aber sobald er Mussolinis Brief erhielt (der absichtlich zurückgehalten worden war, damit der Empfänger die so vage angedeutete Aktion nicht mehr aufhalten konnte), fuhr er nach Italien weiter. Zwei Stunden vor der Ankunft seines Sonderzugs in Florenz erhielt er die Meldung, daß er in der Tat zu spät gekommen sei, und auf dem Bahnsteig begrüßte der Duce ihn mit den fast höhnisch klingenden Worten: „Führer, wir marschieren! Heute früh im Morgengrauen haben die siegreichen italienischen Truppen die albanisch-griechische Grenze überschritten!"

Hitler nahm diese Nachricht weniger unwirsch auf, als die Italiener befürchtet hatten, und sagte Italien sogar seine volle Unterstützung zu. Mussolini war auch diesmal in Hitlers Gegenwart „sehr guter Laune".

Bei seiner Rückkehr nach Rom ballten sich jedoch schon wieder dunkle Wolken zusammen. Die aus Griechenland eintreffenden Nachrichten waren keineswegs ermutigend.

Die Reaktion der Griechen hatte nicht so rasch eingesetzt, wie manche italienischen Nachrichtenoffiziere befürchtet hatten. Das griechische Heer bestand lediglich aus 15 Divisionen, von denen zwölf erst nach dem italienischen Einmarsch mobilgemacht wurden. Aber obwohl die Griechen anfangs langsam reagierten, waren General Visconti Prascas Verbände noch langsamer. An den beiden Tagen rückten sie nur zehn Kilometer weit auf der Küstenstraße nach Süden vor; im Norden kamen sie dagegen überhaupt nicht voran.

Diese Verzögerung sollte sich katastrophal auswirken. Schon in der ersten Novemberwoche begannen die Griechen unter der geschickten Führung ihres begabten Oberbefehlshabers General Papagos, überall erbitterten Widerstand zu leisten. Sie waren zahlenmäßig unterlegen und schlechter ausgerüstet, aber sie kämpften erbittert, um ihr Land zu verteidigen, und wußten, daß sie für eine gerechte Sache kämpften. Die Griechen führten elanvolle Gegenstöße und eroberten den sechs Kilometer hinter der albanischen Grenze liegenden Monte Pissoderi; sie kesselten die Division „Julia" der Alpini, eine der besten Divisionen des italienischen Heeres, beinahe ein und zerschlugen sie völlig, so daß die Italiener 20.000 Gefallene und Verwundete zu beklagen hatten, während 5.000 Mann in Gefangenschaft gerieten.

Mussolini war entsetzt und reagierte seinen Zorn und seine Enttäuschung an Jacomoni und Prasca ab, denen er wütend vorwarf, das Unternehmen als zu einfach und unbedingt erfolgversprechend dargestellt zu haben. Prasca wurde seines Kommandos enthoben und durch General Ubaldo Soddu ersetzt, der die italienischen Siegesaussichten erheblich pessimistischer eingeschätzt hatte als sein Vorgänger, ohne dann jedoch imstande zu sein, seine Truppe zum Sieg zu führen. Nach tapferem Widerstand der 9. Armee, der Po-Armee, wurden die Italiener am 18. November 1940 unter schweren Verlusten über die albanische Grenze zurückgedrängt. Damit war die erste Phase dieses schmählichen Feldzugs abgeschlossen.

Aber es sollten noch schlimmere Schläge kommen. In Tarent griffen von Flugzeugträgern gestartete englische Swordfish-Torpedobomber die vor Anker liegende italienische Flotte an und setzten die drei Schlachtschiffe *Littorio, Duilo* und *Cavour* außer Gefecht.

Mussolini hatte kaum Zeit gehabt, sich von diesen Schlägen im Mittelmeer und in Griechenland zu erholen, als er durch einen Brief Hitlers weiter gedemütigt wurde.

Der Führer hatte den italienischen Einmarsch in Griechenland Ende Oktober hingenommen, weil Mussolini ihm zuversichtlich garantiert hatte, der Feldzug werde in Kürze gewonnen und zu Ende sein, bevor irgendwelche Hornissennester auf dem Balkan oder in Amerika aufgestört würden. Aber jetzt, drei Wochen später, hatten die

Griechen die Welt durch ihre Tapferkeit und Zähigkeit verblüfft, und die Italiener hatten eine Serie peinlicher Niederlagen erlitten, deren Folge kaum auszudenken waren.

Je länger Hitler über Mussolinis verfehltes Unternehmen nachdachte, desto katastrophaler erschien es ihm. In seinem Schreiben setzte er dem Duce genau auseinander, welche Folgen das italienische Versagen haben würde: Jugoslawien, Bulgarien, Vichy-Frankreich und die Türkei würden erst recht zögern, sich auf die Seite der Achsenmächte zu stellen, während Rußlands Besorgnis wegen der weiteren Entwicklung auf dem Balkan zu einer neuen Bedrohung aus dem Osten führen konnte. Durch den Angriff auf Griechenland hatte Italien außerdem Metaxas ins alliierte Lager getrieben und den Engländern die Möglichkeit verschafft, Luftwaffenstützpunkte einzurichten, von denen aus sie das rumänische Ölgebiet und Süditalien bombardieren konnten. Und schließlich würde der weit wichtigere Vorstoß in der Wüste gegen Ägypten aufs nächste Jahr verschoben werden müssen, falls die Deutschen gegen ihren Willen Truppen nach Thrakien entsenden müßten.

„Er hat mir wirklich auf die Finger geklopft", erklärte Mussolini Ciano erbittert, nachdem er Hitlers Brief mehrmals gelesen hatte. Trotzdem gab der Duce sich damit zufrieden, die Schuld bei seinen unfähigen Untergebenen und den italienischen Soldaten zu suchen, die — nach Aussage des „finsteren Hanswursten" General Achille Starace, einem ehemaligen Sekretär der Faschistischen Partei — „nur wenig und schlecht" gekämpft hatten.

„Das Menschenmaterial, mit dem ich arbeiten muß, ist nutzlos, wertlos", klagte Mussolini erneut. „Jeder

Mensch muß in seinem Leben einen tödlichen Fehler machen. Und ich habe meinen gemacht, als ich General Visconti Prasca geglaubt habe. Aber wie hätte ich das vermeiden können, wenn er so selbstsicher, so zuversichtlich wirkte?"

Vor allem suchte der Duce die Schuld bei Marschall Badoglio, seinem Generalstabschef, den er jetzt haßte, als „Verräter" und „Regimegegner" bezeichnete und unbedingt ablösen wollte. Alessandro Pavolini, der Minister für Volkskultur, meldete Mussolini pflichtgemäß den Inhalt eines Gesprächs mit Badoglio, der geäußert hatte, für ihn stehe außer Zweifel, daß Jacomoni und Prasca einen großen Teil der Verantwortung für das griechische Desaster zu tragen hätten — aber der wahre Schuldige sitze anderswo. Badoglio hatte hinzugefügt, der Duce sei als Oberbefehlshaber ungeeignet; er solle alles den Militärs überlassen und die Verantwortlichen zur Rechenschaft ziehen, falls etwas schiefgehe.

Als Mussolini das hörte, war er noch entschlossener, sich von diesem „Verräter" zu trennen: Anfang Dezember 1940 nahm er Badoglios Rücktrittsgesuch an und ernannte General Graf Ugo Cavallero, einen Optimisten, der nicht „an die Möglichkeit einer Niederlage" in Albanien glaubte, zu seinem Nachfolger.

Cavalleros Optimismus war jedoch keineswegs gerechtfertigt. Am 4. Dezember wurde in Rom bekannt, daß Pogradec verloren war und die Griechen zu einem neuen, gefährlichen Vorstoß durch die italienischen Linien ansetzten. General Soddu meldete, die militärische Lage sei unhaltbar geworden und müsse „durch politische Intervention gelöst werden".

Mussolini berief Ciano in den Palazzo Venezia und erklärte ihm niedergeschlagen, ihnen bleibe nichts anderes übrig, als Hitler zu bitten, einen Waffenstillstand zwischen Italienern und Griechen zu vermitteln. Der Außenminister hatte den Duce noch nie so völlig entmutigt erlebt.

Er war „in tiefste Depressionen gestürzt", bestätigte auch Dino Alfieri, der italienische Botschafter in Berlin, der sich damals in Rom aufhielt. „Ich hatte ihn noch nie so niedergeschlagen erlebt. Sein Gesicht war blaß und überanstrengt, sein Gesichtsausdruck traurig und geistesabwesend. Sein trübseliges Aussehen wurde noch dadurch verstärkt, daß er ein Hemd mit einem grotesk großen Umlegekragen trug und sich seit mindestens zwei Tagen nicht mehr rasiert hatte... Er marschierte langsam um seinen großen Schreibtisch, machte kleine Schritte, sprach von Soddus Telegramm, als formuliere er eine Überlegung, die sein Denken beherrschte, und versuchte, die Gründe auszuloten, die den General dazu veranlaßt hatten, den Ernst der Lage zu übertreiben. Er fuhr sich immer wieder nervös mit der rechten Hand über Kinn und Gesicht, wandte sich bald an Ciano, bald an mich, als suche er Zustimmung oder Unterstützung für seine Theorien und eine Rechtfertigung für seine Hoffnungen."

Mussolini gelangte allmählich zu der Auffassung, die Lage sei noch nicht ganz hoffnungslos, und entsandte Cavallero an die Front, um sich von ihm persönlich Bericht erstatten zu lassen. Wie es Cavalleros Art entsprach, fand er die Lage „durchaus heiter", obwohl Soddus Lageberichte trübselig und pessimistisch blieben. Mussolini, der daraus schloß, daß Cavallero der Mann sei, der die Krise meistern könne, und sich über Berichte ärgerte, nach denen Soddu viel Zeit damit verbrachte, Filmmusik zu komponieren, wies den neuernannten Chef des Generalstabs an, selbst den Befehl zu übernehmen.

Für die italienische Armee in Albanien, deren Lage nach wie vor verzweifelt war, war dieser zweite Wechsel des Oberbefehlshabers nur ein schwacher Trost. Der Duce mußte einsehen, daß Männer, die als treue und prominente Faschisten zu höchsten Dienstgraden befördert worden waren, nicht unbedingt gute Generale abgaben.

,,Fünf Generale sind gefangen, und einer ist gefallen", stellte er mürrisch fest. ,,Das entspricht dem Zahlenverhältnis zwischen Italienern , die soldatische Eigenschaften besitzen, und denen, die keine haben. In Zukunft werden wir ein Heer aus Berufssoldaten aufstellen, die aus den zwölf oder dreizehn Millionen Italienern in Nord- und Mittelitalien ausgewählt werden. Alle übrigen lassen wir Waffen für die Kriegeraristokratie herstellen." Aber bis dahin sollten selbst so schlecht geführte Truppen zumindest kämpfen können. Mussolini schrieb Cavallero einen Brandbrief, in dem er den italienischen Soldaten befahl, auf ihrem Posten zu sterben. ,,Dies ist mehr als ein Befehl von mir", schrieb er. ,,Dies ist ein Befehl eures Vaterlandes."

Aber Mussolini hatte das Vertrauen zu Cavallero verloren: Er glaubte seinen Meldungen nicht mehr. Im Gespräch mit Ciano klagte er bitter über seine Generale und fuhr fort: ,,Ich muß zugeben, daß die Italiener des Jahres 1914 mehr als die heutigen getaugt haben. Das ist nicht schmeichelhaft für das Regime, aber es ist eine Tatsache." Das war am Heiligen Abend 1940, an dem es draußen schneite. Der Duce sah auf die Piazza hinaus und murmelte grimmig: ,,Dieser Schnee und diese Kälte sind sehr gut. Auf diese Weise werden unsere nichtsnutzigen Italiener, diese mittelmäßige Rasse, abgehärtet. Einer der Hauptgründe für meinen Wunsch nach Wiederaufforstung der Apenninen ist das Bestreben gewesen, Italien kälter und schneereicher zu machen."

Nach Weihnachten gelangte Mussolini zu der Überzeugung, nun sei die Zeit für eine persönliche Intervention gekommen. Er verließ Rom, um sich mit Cavallero und den übrigen Generalen zu beraten und mit ihnen über eine italienische Gegenoffensive zu sprechen. Aber obwohl er in entschlossener Stimmung abreiste, verfiel er nach den unergiebigen Diskussionen über zukünftige Unternehmen wieder in seine vorherige Depression. Als Ergebnis dieser Besprechung wurde beschlossen, daß zwei frische Divisionen, darunter die Elitedivision Lupi di Toscana", Mitte Januar zu einer Gegenoffensive antreten sollten. Aber nicht einmal Cavallero schien recht an einen Erfolg dieses Unternehmens zu glauben. Und Mussolini kehrte bedrückt und niedergeschlagen nach Rom zurück.

,,Griechenland ist ein politisches Meisterstück gewesen", klagte er. ,,Wir haben es verstanden, dieses Land zu isolieren, so daß es völlig allein gegen uns kämpfen mußte. Nur die italienische Armee hat uns restlos im Stich gelassen."

Mussolinis Niedergeschlagenheit und Besorgnis wurden durch das Bewußtsein verstärkt, daß das nächste Treffen mit Hitler in Kürze bevorstand — und daß er dem Führer ,,unter Voraussetzungen offenkundiger Unterlegenheit" würde gegenübertreten müssen. Er hatte diese Begegnung schon zweimal verschoben, weil er auf bessere Nachrichten von der Front hoffte, und einmal sogar versucht, sie ganz abzusagen. Aber dann ließ sich das Treffen nicht weiter hinausschieben. Mussolini wirkte „finster und nervös", als er am 18. Januar 1941 seinen Sonderzug bestieg, um nach Salzburg zu fahren; die Meldungen über weitere italienische Mißerfolge hatten ihm schwer zugesetzt.

Die schlecht geführte Gegenoffensive, zu der die beiden frischen Divisionen einige Tage zuvor im Raum Klissoura angetreten waren, war auf starken feindlichen Widerstand gestoßen. Die Griechen hatten nicht nur ihre Stellungen behauptet, sondern waren ihrerseits zum Gegenangriff vorgegangen, hatten Klissoura genommen und bedrohten Vlone an der albanischen Adriaküste. Das Wetter verhinderte einen weiteren griechischen Vormarsch. Als Mussolini zu Hitler fuhr, war jedoch schon bekannt, daß die italienischen Truppen schwere Verluste erlitten hatten, daß sie hatten zurückgehen müssen, anstatt siegreich vorzustoßen, und daß die „Lupi di Toscana" sich keineswegs wie erwartet bravourös geschlagen hatten.

Hitler stand auf dem schneebedeckten Bahnsteig in Puch. Er trug einen langen Ledermantel und hatte seine Schirmmütze tief in die Stirn gedrückt. Als Mussolinis Salonwagen vor ihm hielt, murmelte der Duce: „Ich hab' nicht mehr genug Blut in den Adern, um wenigstens rot zu werden, wenn ich ihn sehe."

Er stieg langsam aus und ging mit starrem unbewegtem Gesicht auf Hitler zu. Die beiden Männer schüttelten sich schweigend die Hand und wechselten dabei einen ernsten Blick. Dann sagte Hitler etwas, und Mussolini rang sich ein kurzes, künstliches Lächeln ab. Zur großen Erleichterung der italienischen Delegation zeigte sich bald, daß Hitler be-

Er liebte die Pose, aber er hat sich auch fünfmal duelliert

Mit den Lateranverträgen von 1929 wird der 60jährige Streit zwischen Vatikan und dem italienischen Staat beigelegt (oben); drei Jahre später wird Mussolini erstmals von Papst Pius XI. in Audienz empfangen

Hitler und Mussolini bei ihrem ersten Zusammentreffen
in Venedig 1934

Der Duce bei einer Rede 1935 im römischen Foro

Mussolini und König Viktor Emanuel im Mai 1935 bei einer Feldmesse für die im 1. Weltkrieg gefallenen italienischen Soldaten

reit war, sich verständnisvoll, hilfsbereit und sogar herzlich zu geben. Die befürchteten Vorwürfe und Zurechtweisungen würden den Italienern offenbar erspart bleiben. Aber für Mussolini war diese Freundlichkeit fast so unerträglich, wie es ein Tadel Hitlers gewesen wäre; er legte sie als Gönnerhaftigkeit aus und war nicht bereit, die von den Deutschen angebotene Unterstützung anzunehmen. Als der italienische Botschafter ihn vor Beginn der Gespräche beiseitezog, um ihm mitzuteilen, der Führer sei bereit, auf jede Bitte um Hilfe einzugehen, unterbrach Mussolini ihn energisch: ,,Ich habe keine Bitte vorzutragen.“

Wenn er keine Bitte vorzutragen hatte, hatte Hitler um so mehr zu sagen. Während Mussolini zusammengesunken in einem Sessel hockte, erging der Führer sich in einem seiner endlos langen Monologe, in denen er zweifellos vorhandene Talente als Meisterstratege spielen ließ. Cavalleros Stellvertreter General Guzzoni, eine Witzblattfigur — klein, mit riesigem Bauch und gefärbtem Haar —, war zutiefst beeindruckt; auch Ciano und Alfieri blieben nicht unbeeindruckt. Aber Mussolinis wachsender Neid ließ nicht zu, daß er Hitler irgendwelche genialischen Züge zubilligte. Er hörte ihm scheinbar aufmerksam zu und äußerte sich gelegentlich zu dem Gesagten. Aber ihm war offenbar unbehaglich zumute, denn er ärgerte sich über die seiner Auffassung nach gönnerhaften Bemerkungen Hitlers über Italien und seine Andeutungen, es sei vielleicht besser, Italiener in deutschen Fabriken als an der Front einzusetzen. Als der Duce sprach, hätte man glauben können, Deutsch sei eine für ihn neue Sprache, obwohl seine Deutschkenntnisse in Wirklichkeit recht gut waren. Bei den Mahlzeiten wirkte es beinahe mitleiderregend, wie er sich die Serviette in den Uniformkragen steckte und sich schweigend auf sein Essen konzentrierte — obwohl er nur wenig und sehr schnell aß — und wie er beim Tee am ersten Tag vergeblich versuchte, seinen Sessel von dem allzu heißen Kaminfeuer wegzurücken, und eine Tasse Kamillentee schlürfte, während Hitler, den keine Magengeschwüre plagten, große Mengen Marmeladentörtchen und Biskuits vertilgte, und Göring, der in einer neuen taubengrauen Uniform prunkte, unaufhörlich redete.

Nach der Konferenz gestand Mussolini widerstrebend ein, daß Hitler „zuvorkommend, freundlich und verständnisvoll" gewesen sei; trotzdem fühlte er sich hinzuzufügen gedrängt, daß alles übertrieben gewesen sei. „Der Mann ist hysterisch", erklärte er Alfieri. „Er hat Tränen in den Augen gehabt, als er mir versichert hat, keiner habe meine Sorgen intensiver durchlitten und mit mir geteilt als er. Alles war so übertrieben! Er hat es zu sehr darauf angelegt, mich seine Freundlichkeit und Großzügigkeit, seine Stärke und Überlegenheit spüren und anerkennen zu lassen."

Trotzdem war er auf der Heimreise bester Laune — „wie er es nach einem Treffen mit Hitler immer ist", wie Ciano anmerkte. Bei seiner Rückkehr nach Rom war er entschlossen, die Lage an der albanischen Front mit einem Schlag ins Gegenteil zu verkehren: Er würde sich selbst dorthin begeben und seine Gegenwart bestimmt einen italienischen Sieg bewirken.

Die italienische Armee in Albanien wurde stetig verstärkt, bis dort insgesamt 28 Divisionen standen, so daß eine kraftvolle Offensive gegen die 14 griechischen Divisionen sehr gute Erfolgsaussichten haben mußte. Mussolini reiste Anfang März an die Front; er hielt seine Abreise geheim, damit kein Tadel auf ihn fallen konnte, falls etwas schiefging, und legte andererseits größten Wert darauf, sich von der Front melden zu können, sobald ein Sieg in Sicht war.

Die italienische Gegenoffensive begann am 9. März 1941. Sieben Divisionen, die von 160 Bombern und 159 Jägern unterstützt wurden, griffen in einem 30 Kilometer breiten Frontabschnitt zwischen dem Fluß Vijose und dem Monte Tommorit an. Aber ihr Angriff blieb liegen; sie kämpften erbittert, aber die angeschlagenen griechischen Divisionen hielten ihre Stellungen. Am 19. März, neun Tage vor der Seeschlacht von Kap Matapan, in der das italienische Schlachtschiff *Vittorio Veneto* schwer beschädigt und drei italienische Kreuzer sowie zwei Zerstörer von der britischen Mittelmeerflotte versenkt wurden, lief die Gegenoffensive sich fest.

Mussolini hatte den Sieg, den er so verzweifelt zu erringen versucht hatte, bevor die Deutschen intervenierten, nicht erkämpfen können. Wenn Hitler sich nun in den Balkankrieg einmischte, würde die ganze Welt wissen, daß er dazu gezwungen gewesen war, um seinem unfähigen Verbündeten aus der Patsche zu helfen. Die Intervention kam früher als erwartet, denn Ende März ergriff eine Gruppe jugoslawischer Offiziere in Belgrad die Macht und stürzte die Regierung, die den Beitritt Jugoslawiens zum Dreimächtepakt erklärt und sich damit auf die Seite der Achsenmächte gestellt hatte. Unmittelbar nach diesem Militärputsch verkündete Hitler in seiner Weisung Nr. 25: „Jugoslawien muß auch dann, wenn es zunächst Loyalitätserklärungen abgibt, als Feind betrachtet und daher so rasch wie möglich zerschlagen werden."

Er forderte die Italiener auf, ihre Operationen in Albanien für einige Tage einzustellen und Truppen an die jugoslawische Grenze zu entsenden, und bestimmte den 6. April als ersten Angriffstag. Wie er Mussolini mitteilte, würde an diesem Tag zugleich das „Unternehmen Marita" gegen Griechenland anlaufen. Als Hitler vorschlug, alle italienischen Einheiten dem deutschen Oberbefehl zu unterstellen, blieb Mussolini nichts anderes übrig, als seine Zustimmung zu erteilen.

Die zehn bei dem „Unternehmen Marita" eingesetzten Divisionen der deutschen 12. Armee waren praktisch auf Anhieb erfolgreich. Am 27. April 1941 kapitulierte Athen; die Jugoslawen hatten schon zehn Tage zuvor die Waffen gestreckt.

Beide Kapitulationen wurden angenommen und die neuen Grenzen ohne Rücksprache mit den Italienern festgelegt. Und obwohl Hitler in einer Reichstagsrede den deutschen Einmarsch in Griechenland taktvoll als vorbeugende Maßnahme angesichts des englischen Versuchs, sich auf dem Balkan zu verschanzen, schilderte, konnte niemand daran zweifeln, daß das Versagen Italiens ihn zum Eingreifen gezwungen hatte.

Mussolini, der nun bedrückt von einem Krieg sprach, der bis 1948 dauern werde, war jetzt noch schlechter auf die Deutschen zu sprechen als vorher. Er beschwerte sich darüber, daß sie alles für sich beanspruchten und den Italienern nur einen kleinen Haufen Knochen ließen. Der Duce hatte „persönlich genug von Hitler und seiner ganzen Art".

Aber für Mussolini hielt das Schicksal noch weit schlimmere Demütigungen bereit.

Demütigungen

Seitdem Grazianis Truppen ihren Vormarsch im September 1940 bei Sidi Barrani eingestellt hatten, hatte Mussolini auf einen überfallartigen Angriff auf die britischen Stellungen bei Marsa Matruk und eine Fortsetzung dieses Vorstoßes in Richtung Alexandrien gedrängt. Aber Graziani war geblieben, wo er war, und hatte eingewandt, ein weiterer Vorstoß nach Ägypten hinein sei ohne zusätzliche Nachschublieferungen, Panzer und Geschütze nicht möglich. Als die erstarrten Fronten wieder in Bewegung kamen, lag die Initiative bei den Engländern.

Schon am 21. September, nur eine Woche nach Beginn von Grazianis Offensive, hatte General Wavell seinem Generalstabschef eine Weisung erteilt, die seine Vorstellungen für die Wiedereroberung von Sidi Barrani und die Eroberung von Bardia und Tobruk enthielt. Zugleich war darin angedeutet, daß danach ein Vorstoß nach Derna in der Cyrenaika geplant war. Am 2. November schrieb Wavell dann an General Maitland Wilson und bat ihn, seinen Vorgesetzten mitzuteilen, daß er Generalleutnant O'Connor angewiesen habe, „ein Offensivunternehmen gegen die italienischen Kräfte in ihren gegenwärtigen Stellungen (falls sie ihren Vormarsch nicht fortsetzen) vorzubereiten, das möglichst bald stattfinden soll. Ich bin mir über die Risiken eines Unternehmens dieser Art (das als „Unternehmen Kompaß" bekannt werden sollte) im klaren und bereit, sie zu tragen und die Möglichkeit beträchtlicher Verluste zu akzeptieren... Meiner Ansicht nach rechtfertigen die Vorteile dieses Unternehmens vollständig alle Risiken. Andererseits halte ich diese Risiken nicht für übertrieben hoch. Wir sind dem Gegner in allen Belangen — nur zahlenmäßig nicht — überlegen. Wir sind besser ausgebildet, wir haben die bessere Ausrüstung. Wir kennen das Gelände und sind dem Leben in der Wüste besser angepaßt. Vor allem haben wir tapfere Herzen und größere Traditionen und kämpfen für eine bessere Sache..."

Wavells Zuversicht war völlig gerechtfertigt. Das am 10. Dezember 1940 bei Tagesanbruch beginnende „Unternehmen Kompaß" verlief von Anfang an nach Plan. Die englischen und indischen Einheiten griffen nach intensiver Artillerievorbereitung an. Innerhalb weniger Minuten waren 25 italienische Panzer außer Gefecht gesetzt, und General Pietro Maletti, der Divisionskommandeur in Nibeiwa, südlich von Sidi Barrani, war mit der Waffe in der Hand gefallen. In dreitägigen Kämpfen erlitten die 4. Schwarzhemden-Division sowie die 1. und 2. Libysche Division schwere Verluste. Die Engländer machten 38.000 Gefangene, darunter vier Generale, und erbeuteten fast 250 Geschütze und über 70 Panzer. Bei eigenen Verlusten von nur 624 Mann hatte O'Connor die Italiener buchstäblich aus Ägypten vertrieben.

Diese Nachricht schlug in Italien wie ein Blitz ein, wie Ciano sagte. „Sie macht eine schlimme Lage noch schlimmer", hielt er fest. „Die öffentliche Meinung war bereits zu erschüttert und zu gespalten, um diesen neuen und schweren Schlag gelassen hinzunehmen."

Mussolini gelang es zunächst, erhabene Ruhe zu bewahren, aber am 12. Dezember zeigte auch er sich „sehr erschüttert". „Wir haben eine regelrechte Niederlage erlitten", gestand er ernst ein. „Diesmal wird es nicht heißen, daran sei die Politik schuld. Ich habe den militärischen Stellen weitestgehende Handlungsfreiheit gewährt." Er machte erneut Graziani verantwortlich, dessen Bitten um zusätzliche und bessere Panzer, Geschütze und Luftunterstützung als bloße Ausreden abgetan wurden. „Man kann Panzerstahl nicht allein mit den Fingernägeln aufbrechen!" protestierte Graziani, aber den Duce ließen solche Gefühlsausbrüche kalt. „Da haben wir einen weiteren Mann, über den ich mich nicht ärgern kann", kommentierte er geringschätzig, „weil ich ihn verabscheue."

Nachdem Mussolinis Vertrauen zu Graziani geschwunden war, verließ er sich ganz auf den angesehenen graubärtigen Generalleutnant Annibale Bergonzoli, den Kommandeur von Bardia, und ermutigte ihn mit einer persönlichen Botschaft: „Ich bin davon überzeugt, daß ‚Elektrobart' und seine tapferen Soldaten die Stellung um jeden Preis und treu bis zum Letzten halten werden."

Graziani bezweifelte, daß seine Kräfte imstande seien, Bardia zu halten, und schlug vor, diese Stadt zu räumen und nach Tobruk zurückzugehen. Aber Mussolini war nicht bereit, einen so großen Teil der Cyrenaika kampflos preiszugeben. Als Graziani einwandte, ein geordneter Rückzug nach Tobruk verschaffe seiner Armee Zeit und Gelegenheit, eine weit stärkere Verteidigungslinie auszubauen, als im Raum Bardia denkbar sei, antwortete Mussolini streng, ein Rückzug nach Tobruk komme unter keinen Umständen in Frage. In Bardia sollte energischer Widerstand geleistet werden; die Engländer sollten bei erfolglosen Sturmangriffen aufgerieben werden.

General Bergonzolis Truppen waren jedoch dem ihnen von Mussolini erteilten Auftrag nicht gewachsen. Der am

3. Januar 1941 beginnende Angriff australischer Einheiten war sofort erfolgreich, und Bardia kapitulierte zwei Tage später. Die britischen Verbände machten fast 40.000 Gefangene und erbeuteten weit über 250 Geschütze und Flakgeschütze, 120 Panzer und 700 andere Fahrzeuge. General Bergonzoli gelang es, sich nach Tobruk abzusetzen, aber Graziani hielt es für wenig wahrscheinlich, daß dieser wichtige Hafen gehalten werden könne, nachdem die Menschen- und Materialverluste bei Bardia so hoch gewesen waren. Seit Beginn des britischen Unternehmens Kompaß vor knapp einem Monat hatte er nicht weniger als acht Divisionen verloren. Zur Verteidigung von Tobruk konnte er nicht einmal 25.000 Mann aufbieten: hauptsächlich Soldaten der 61. Division, aber auch fast 10.000 Versprengte aus anderen Einheiten. Seine Luftunterstützung war auf 119 Flugzeuge zusammengeschrumpft; an Panzern verfügte er über weniger als 70; Geschütze waren etwa 220 vorhanden. Seine Reserven beschränkten sich auf die 60. Division in Derna, die 17. Division in Bengasi und eine kleine Panzerabteilung südlich von Derna in Mechili.

Wie Graziani bedrückt vorausgesehen hatte, waren diese Kräfte ohne Unterstützung nicht imstande, Tobruk zu halten. Viele Einheiten kämpften mitleiderregend tapfer gegen einen weit besser geführten, ausgebildeten und ausgerüsteten Gegner, aber der Ausgang der Schlacht stand nie in Zweifel. Noch vor Monatsende war Tobruk gefallen, wobei Zehntausende von Italienern in Gefangenschaft gerieten. Darüber hinaus erbeuteten die Sieger Hunderte von Panzern und Geschützen, große Lebensmittelvorräte und 10.000 Tonnen Trinkwasser.

Nachdem Tobruk gefallen war, mußten die Italiener

bald auch Derna räumen, und Anfang Februar 1941 erreichten englische Truppen und Commonwealth-Einheiten Beda Fomm südlich von Bengasi. Bis dahin hatte die italienische Armee zehn ihrer besten Divisionen, 850 Geschütze, 400 Panzer und so viele Fahrzeuge verloren, daß sie noch nicht genau hatten gezählt werden können. Über 130.000 italienische Soldaten befanden sich jetzt in Kriegsgefangenschaft.

Hitler, dem dieser massive Zusammenbruch seiner Verbündeten ernstlich Sorgen machte, schrieb an Mussolini und machte ihm unmißverständlich klar, daß er es für erforderlich halte, deutsche Truppen nach Libyen zu entsenden, wenn Tripolis gerettet werden solle. Mussolini mußte diese bittere Pille schlucken und das als demütigend empfundene deutsche Hilfsangebot annehmen. Am 11. Februar 1941 traf daraufhin Generalleutnant Erwin Rommel auf dem Weg nach Nordafrika in Italien ein.

Der Duce erkannte, daß Rommel ein weit besserer General als alle italienischen Generale war. Trotzdem war es ein schwerer Schlag für seinen Stolz, als er die Tatsache akzeptieren mußte, daß dieser eine deutsche Offizier und ein verhältnismäßig schwacher deutscher Verband es schafften, dem Wüstenkrieg innerhalb weniger Wochen nach ihrem Eintreffen in Nordafrika eine Wende zu geben. Mussolini verglich Rommel, dem der Ruf voraneilte, er führe grundsätzlich von der Spitze seiner Panzerkolonnen aus, trübselig mit Graziani, der „20 Meter unter der Erde in einem römischen Grabmal" blieb. Während Rommel sich und seine Truppe auf einen Gegenstoß vorbereitete, durch den die Engländer zurückgeworfen werden sollten, konnte Mussolini sich nicht recht auf den zugesicherten Sieg freuen, weil er wußte, daß dies kein italienischer, sondern ein deutscher Sieg sein würde.

Im Juni wurde Mussolini weiter gedemütigt, als die Deutschen die Sowjetunion überfielen, ohne ihm ihre Absichten mitzuteilen, bis die Invasion tatsächlich begonnen hatte. Am 22. Juni wurde der italienische Botschafter in Berlin ins Auswärtige Amt bestellt, wo er davon in Kenntnis gesetzt wurde, daß deutsche Truppen um 3.15 Uhr die russische Grenze überschritten hatten. Mussolini schlief noch, als diese Nachricht telefonisch übermittelt wurde. Als seine Frau, die den Anruf entgegengenommen hatte, die Meldung an ihn weitergab, sagte er betroffen: „Meine liebe Rachele, das bedeutet, daß wir den Krieg verloren haben."

Später äußerte er sich aufgebracht über diesen weiteren Beweis für die Geringschätzigkeit, mit der die Deutschen mit ihm umsprangen. „Ich belästige nicht einmal meine Dienstboten in der Nacht", beschwerte er sich, „aber die Deutschen jagen mich ohne weiteres jederzeit aus dem Bett heraus." Der Duce wurde noch wütender, als sein Angebot, italienische Truppen an die Ostfront zu entsenden, in Berlin ohne die geringste Begeisterung aufgenommen wurde.

Der Duce war von der Idee einer Teilnahme am deutschen Rußlandfeldzug geradezu fasziniert, wie Ciano feststellte. Nachdem er eine der dafür bestimmten Divisionen besichtigt hatte, rief er aus Verona in Rom an, um zu berichten, sie sei „perfekt". Er verstieg sich sogar zu der Behauptung, sie sei einer deutschen Division personell und materiell überlegen. Ohne sich durch Hitlers sehr zurückhaltende Reaktion auf sein Angebot irritieren zu lassen, bestand Mussolini darauf, über 200.000 Mann nach Rußland zu entsenden.

Jeder verantwortungsbewußte italienische General verurteilte diese Entscheidung: Dem Duce wurde erklärt, mit diesen Divisionen lasse sich die Lage in Nordafrika retten — und im übrigen sei es besser, wenn die Deutschen sich allein mit den Russen herumschlügen. Aber Mussolini beharrte auf seinem Entschluß. Er versicherte den Andersdenkenden, hier handele es sich nicht um persönlichen Stolz, sondern Italien müsse alles in seinen Kräften Stehende dazu beitragen, einen „Blitzsieg" über Rußland zu erringen. „Wenn Rußland nicht in den ersten sechs Monaten besiegt wird", äußerte er, „wird es nie besiegt."

Die italienischen Truppen wurden also entsandt, und der Duce verfolgte ihre Bewegungen mit einer Aufmerksamkeit, die ihn tagelang völlig in Anspruch nahm. Auf seine Anweisung hin wurden ihre Einsätze in der italienischen Presse ausführlich gewürdigt, wobei alles, was als Erfolg gedeutet werden konnte, überbetont wurde, während deutsche Erfolge bewußt heruntergespielt wurden. Die Meldung, daß die Deutschen bei Minsk auf stärkeren russischen Widerstand gestoßen seien, entzückte ihn.

„Ich hoffe nur", sagte er, „daß die Deutschen bei diesem Krieg im Osten eine Menge Federn lassen. Es ist falsch, von einem antibolschewistischen Kampf zu sprechen. Hitler weiß, daß der Bolschewismus seit langem nicht mehr existent ist. Kein Gesetzbuch schützt das Privateigentum so wirkungsvoll wie das russische Zivilrecht. Er sollte lieber sagen, daß er mit 52-Tonnen-Panzern eine große Kontinentalmacht niederwerfen will, die im Begriff war, mit ihm abzurechnen."

Als die Sommermonate verstrichen und den Meldungen über deutsche Siege in Rußland Hiobsbotschaften über italienische Niederlagen in Äthiopien gegenüberstanden, wurde Mussolini immer deutschenfeindlicher. Von Zeit zu Zeit äußerte er seine Abneigung gegenüber den Engländern, die ihm sein Imperium geraubt hatten, was ihn dazu gebracht hatte, „immerwährenden Haß auf die Engländer zu schwören und diesen Haß allen Italienern zu vererben". Aber er befaßte sich vor allem mit den Deutschen, die „auf der Treue anderer bestehen, aber selbst außerstande sind, treu zu sein".

Der Duce forderte Ciano sogar auf, in seinem Tagebuch zu vermerken, daß er einen unausweichlichen Konflikt zwischen Italien und Deutschland heraufziehen sehe. Er behauptete, das sage ihm sein Instinkt, und stellte ernsthaft die Frage, ob für die Zukunft Italiens ein englischer Sieg nicht erstrebenswerter als ein deutscher sei. Und er fügte hinzu, da der Kampf gegen die Deutschen eines Tages unausweichlich sei, dürfe der Mythos ihrer Unbesiegbarkeit nicht länger aufrechterhalten werden.

„Wir müssen unbedingt entlang der Flüsse im Raum Venedig Tausende von Geschützen in Stellung bringen", sagte Mussolini bei anderer Gelegenheit, „denn von dort aus werden die Deutschen zu ihrer Invasion in Italien antreten... Vorerst läßt sich nichts unternehmen. Wir befinden uns auf dieser Straße, und wir müssen auf ihr bleiben. Aber wir müssen auf zweierlei hoffen: daß der Krieg lange dauern und für Deutschland verlustreich sein wird und daß er mit einem Kompromiß enden wird, der unsere Unabhängigkeit retten kann."

„Vorerst können wir nichts gegen Deutschland unternehmen", meinte er einige Wochen später, womit er auf ein inzwischen vertrautes Thema zurückkam. „Wir müssen abwarten. Das ist ein Land, das keiner militärisch besiegen kann, aber es wird wegen seines fehlenden inneren

Gleichgewichts zusammenbrechen. Für uns geht es darum, auszuhalten und abzuwarten, bis das passiert."

Seine antideutschen Hetzreden wechselten mit Verurteilungen seiner eigenen Landsleute ab, wobei vor allem die Generale schlecht wegkamen. „Ich habe wenig Vertrauen zu unserer italienischen Rasse", schrieb der Duce. „Beim ersten Luftangriff, der einen berühmten Campanile oder ein Gemälde von Giotto zerstören konnte, würden die Italiener in einem Anfall künstlerischer Sentimentalität die Hände heben, um sich zu ergeben. Wir müssen Graziani dankbar sein; ihm ist es zu danken, daß unser Ansehen sinkt; es ist in Wirklichkeit schon halb geschwunden. Wenn der Krieg vorbei ist, wird er nicht mehr Marschall von Italien sein."

Nach den schweren alliierten Luftangriffen auf Neapel behauptete Mussolini, froh darüber zu sein, daß die Stadt solch schlimme Nächte durchstehen mußte: „Der Menschenschlag wird härter werden; der Krieg wird aus den Neapolitanern eine nordische Rasse machen."

Aber die jetzigen Neapolitaner taugten seiner Überzeugung nach nicht für den Krieg, der Härte und Brutalität erforderte. Der Duce behauptete, es gebe nur einen italienischen General, der ihn zu führen wisse — der Mann, der seinen Soldaten in Albanien erklärt habe: „Wie ich höre, seid ihr alle gute Familienväter. Das ist in der Heimat in Ordnung, aber nicht hier. Hier könnt ihr nicht allzu viel stehlen, morden und notzüchtigen."

Im August 1941 reiste Mussolini ins Führerhauptquartier an der Ostfront, um diese Front zu besichtigen, wobei sein Neid auf Hitler und die offenkundige Überlegenheit der deutschen über italienische Truppen neue Nahrung erhielt. Wie bei allen diesen Begegnungen während des Kriegs blieb der Duce schweigsam und hielt es für angebracht, wie es im italienischen Protokoll taktvoll hieß, „dem Führer Gelegenheit zu geben, seine Vorschläge ganz zwanglos zu entwickeln". Bei einer Gelegenheit nutzte Hitler diese Freiheit zu einem zweieinhalbstündigen ununterbrochenen Monolog. So war Mussolini sichtlich erleichtert, als endlich zur Frontbesichtigung aufgebrochen wurde.

Dino Alfieri, der italienische Botschafter, fuhr in Ribbentrops Wagen, dicht hinter Hitlers Mercedes und hatte auf diese Weise „einen ausgezeichneten Blick auf den Führer und Mussolini. Die beiden sprachen häufig miteinander, und Hitler streckte öfters den Arm aus, um die Richtung des siegreichen Vormarsches seiner Wehrmacht anzudeuten." In Tekutscha erwartete sie General Giovanni Messe, der Oberbefehlshaber der italienischen Truppen in Rußland, und begleitete sie zu der Division „Torino", zu der die Schwarzhemden-Legion „Tagliamente" gehörte.

„Die Soldaten waren sorgfältig rasiert, ihre Uniformen befanden sich in gutem Zustand, und ihre Fahrzeuge waren tadellos sauber... ihre Waffen sahen gereinigt und gepflegt aus... Mussolini wirkte jedoch keineswegs zufrieden. Er hätte Hitler lieber eine in schweren Kämpfen mitgenommene Division vorgeführt... Der Vorbeimarsch klappte keineswegs einwandfrei." Die Lkws kamen auf der schlammigen Straße nur mühsam voran, und „die Namen der Firmen, bei denen sie beschlagnahmt worden waren, auf den Seitenwänden der Lastwagen verliehen dem Schauspiel etwas Improvisiertes... Der Vorbeimarsch eines Kradschützenzugs der Bersaglieri war kaum eindrucksvoller. Um ihr Gleichgewicht zu halten, mußten die Kradschützen die Beine hängen lassen und die Füße nachschleifen.“

Um alles noch schlimmer zu machen, wirkten die deutschen Soldaten im Gegensatz dazu kampferprobt und aggressiv, und als Hitler ausstieg, um mit ihnen zu reden und Witze zu reißen, mußte Mussolini mit Generalfeldmarschall Gerd von Rundstedt zurückbleiben.

„Hitler hätte mich mitnehmen können, als er mit den Soldaten gesprochen hat“, beschwerte der Duce sich später bei Alfieri, „anstatt mich bei dem alten Rundstedt zurückzulassen. Ist Ihnen aufgefallen, wie unsoldatisch der Führer im Kreise seiner Männer gewirkt hat?“

Auf dem Rückflug konnte Mussolini sich für kurze Zeit in einem Gefühl der Überlegenheit sonnen, als er den Platz von Hitlers Chefpilot Hans Baur einnahm, als wolle er beweisen, daß er zumindest eine Fertigkeit beherrsche, die dem Führer nicht gegeben sei. „Solange Mussolini auf Baurs Platz saß — und Baur wich übrigens nicht von seiner Seite —, starrte Hitler besorgt den Kopiloten an, als wolle er sich vergewissern, daß die Nähe des Duce ihn nicht ablenke“, beobachtete Alfieri. „Und als Mussolini nach einer halben Stunde auf seinen ursprünglichen Platz zurückkehrte, war der Führer so erleichtert, daß er sich nicht enthalten konnte, ihm zu gratulieren.“

„Vergessen Sie nicht zu erwähnen, daß ich die viermotorige Führermaschine eine beträchtliche Strecke weit selbst geflogen habe“, wies er Alfieri an, als er ihm später Anweisungen für einen langen vertraulichen Bericht über den Reiseverlauf gab. Dabei lächelte er strahlend und warf dem Botschafter einen kindlich zufriedenen Blick zu.

Während Mussolini weiterdiktierte, fuhr sein Sonderzug, mit dem er durch Deutschland nach Italien zurückreiste, an mehreren Dörfern vorbei, deren Bewohner sich vor ihren Häusern versammelt hatten, weil sie hofften, den Duce zu sehen. Vor jedem Dorf brach Mussolini plötzlich das Diktat ab, stand auf, ging von einer Wagenseite auf die andere und winkte den Menschen lächelnd zu, obwohl Alfieri bezweifelte, daß sie ihn überhaupt erkennen konnten, weil der Zug viel zu schnell fuhr.

Mussolinis gute Laune hielt bis nach Italien an. Er war mit dem amtlichen Kommuniqúé zufrieden, in dem die Kriegsziele der Achsenmächte — die Eliminierung der Ursachen früherer Kriege und die Beseitigung der bolschewistischen Gefahr und kapitalistischer Ausbeutung — als Erwiderung auf die vor kurzem verkündete angloamerikanische Atlantik-Charta bekanntgemacht worden waren. Und er freute sich auch darüber, wie Hitler ihn verabschiedet, ihm erneut seine Zufriedenheit und Freundschaft ausgedrückt und seine Hand fest in seine eigenen Hände genommen hatte.

Bei seiner Rückkehr war der Duce davon überzeugt, das ,,Unbehagen der italienischen Bevölkerung" sei darauf zurückzuführen, daß sie ,,nicht in größerem Ausmaß an dem Krieg an der russischen Front teilnimmt". Er beschloß, im kommenden Frühjahr weitere 20 Divisionen nach Rußland zu entsenden. ,,Dadurch entspricht unser Einsatz durchaus dem deutschen und hindert Deutschland im Augenblick des Endsiegs daran, uns seine Bedingungen zu diktieren, wie es sie den besiegten Völkern diktieren wird." Das war eines seiner Lieblingsthemen. ,,Mehr Soldaten", wiederholte er, ,,mehr Soldaten und weniger Arbeiter."

Deshalb schmerzte es ihn um so mehr, daß die italienischen Arbeiter in Deutschland von ihren Gastgebern oder — wie die Deutschen sich sahen — Herren so schlecht behandelt und teilweise sogar mißhandelt wurden. Es gab Berichte, nach denen sie in ihren Lagern geprügelt und von scharfen Hunden bewacht wurden, die darauf abgerichtet waren, sie bei den geringsten Verfehlungen in die Beine zu beißen. „Diese Dinge müssen in meinem Herzen bleibenden Haß erzeugen", sagte Mussolini. „Ich kann Jahre, sogar viele Jahre warten; aber zuletzt begleiche ich diese Rechnung doch. Ich lasse nicht zu, daß die Söhne einer Rasse, die der Menschheit Cäsar, Dante und Michelangelo geschenkt hat, von den Bluthunden der Hunnen zerfleischt werden."

Aber als Mussolini im April 1942 erneut zu Hitler fuhr, wurde nicht über die Behandlung italienischer Arbeiter in Deutschland gesprochen. Statt dessen lief die Besprechung nach dem bereits bis zum Überdruß bekannten Muster ab, das Ciano in seinem Tagebuch anschaulich schilderte: „Hitler spricht und spricht und spricht. Mussolini, der gewöhnt ist, selbst zu sprechen, und nun eigentlich die ganze Zeit über schweigen muß, leidet. Am zweiten Tag nach dem Frühstück, als wir uns eigentlich schon alles gesagt hatten, hat Hitler ununterbrochen eine Stunde und vierzig Minuten gesprochen. Er hat auch nichts ausgelassen: Krieg und Frieden, Religion und Philosophie, Kunst und Geschichte. Mussolini sah mechanisch auf seine Armbanduhr... Die Deutschen... die Armen! Sie müssen das jeden Tag schlucken, und ich bin sicher, daß es kein Wort, keine Geste und keine Pause gibt, die sie nicht schon auswendig kennen. Nach einem heroischen Kampf mit dem Schlaf ist General Jodl auf dem Diwan eingeschlafen. Keitel war auch am Einschlafen, aber es gelang ihm, den Kopf oben zu behalten; er saß zu dicht bei Hitler, um sich gehenzulassen."

Trotz Hitlers langweiliger Geschwätzigkeit erfüllten sein Genie und seine Zuversicht Mussolini mit neuer Energie: Er kehrte — wie nach jedem Besuch beim Führer — völlig zufrieden mit dem Fortgang des Krieges und mit dem Vorsatz zurück, ihn noch energischer zu führen.

Kurz nach seiner Rückkehr nach Rom reiste er nach Sardinien ab, um militärische Einrichtungen zu besichtigen, und wurde durch die dort vorgefundene Situation weiter ermutigt. Er sprach mit Begeisterung von den Soldaten und der Inselbevölkerung, von der er, wie er zutiefst befriedigt behauptete, nicht eine Bitte um Frieden noch Proteste wegen des Brotmangels gehört hatte — ein Mangel, der auf dem Festland zu schändlichen Unruhen geführt hatte, so daß die Carabinieri einmal sogar gezwungen gewesen waren, eine Horde von Frauen, die das Büro der Faschistischen Partei in Matera stürmte, durch Schüsse zu zerstreuen. Die Bewaffnung und Ausrüstung in Sardinien sei so gut wie die Truppe", fuhr der Duce zufrieden fort. Eine erfolgreiche alliierte Invasion komme dort nicht in Frage, und selbst wenn Soldaten an Land gelangten, seien alle denkbaren Landegebiete so von Malaria verseucht, daß die Engländer binnen weniger Tage dezimiert sein würden — „genau wie das Heer Friedrich Barbarossas dezimiert wurde, als es zwischen Portonaccio und Ponte Galera haltmachte".

Dieses neue Selbstvertrauen bewirkte, daß Mussolini in seinen Befehlen und Äußerungen immer bombastischer und brutaler wurde. Als ihm zu Ohren kam, daß in der römischen Villa der Gräfin Genni, deren Mann in Nordafrika stand, ein Tanzabend stattgefunden hatte, bei dem ein junger Sekretär der amerikanischen Botschaft anwesend gewesen war, ließ er mehrere der Gäste verhaften und einige von ihnen, darunter auch die Gräfin, in Handschellen abführen.

„Ihr Mann sollte mir als erster danken", meinte der Duce, „denn während er gekämpft hat, hat diese leichtfertige Person den Feind bei sich zu Hause empfangen und mit ihm getanzt."

Als die italienische Marine damit einverstanden war, einige englische Lazarettschiffe passieren zu lassen, damit sie in Malta Verwundete an Bord nehmen konnten, widersprach Mussolini mit dem Argument, außer Verbandmaterial und Ärzten könne vieles andere durchkommen, wie im Vorjahr Schiffe des italienischen Roten Kreuzes dringend benötigtes Benzin nach Bengasi gebracht hatten. Und als ihm der Fall eines Drückebergers vorgetragen wurde, drohte er damit, den Mann „am hellichten Tag vor dem Kolosseum erschießen zu lassen, als sei er ein gemeiner Mörder".

In dieser kampflustigen Stimmung sprach Mussolini drohend von einem unmittelbar bevorstehenden Sturmangriff auf Malta und erging sich in düsteren Andeutungen in bezug auf „eine Überraschung für die Eroberung der Insel", die „glänzende Ergebnisse" erwarten lasse; er wollte sie als Oberkommandierender einsetzen, aber außer ihm erfuhr niemals jemand, um welche Überraschung es sich eigentlich handelte. Vor allem sprach er mit merklicher Vorfreude von der bevorstehenden Offensive in Libyen, wo es ihm an der Front schon seit langem viel zu ruhig gewesen war.

Hitlers Trabant

General Rommels Eintreffen in Nordafrika hatte die erwarteten positiven Folgen gehabt: Schon bald nach seiner Ankunft hatte er zu einem schweren Schlag gegen die britischen Stellungen ausgeholt, den Gegner zur Räumung Bengasis und zum Rückzug nach Tobruk gezwungen, die englische 2. Panzerdivision vernichtet und den Commonwealth-Truppen in weniger als zwei Wochen nicht nur hohe Verluste beigebracht, sondern auch weite Teile des von General O'Connor besetzten Gebiets zurückerobert.

Zu Mussolinis verständlichem Kummer wurde das Verdienst an diesem frühen, brillanten Sieg ausschließlich Rommel und den ihm unterstehenden deutschen Divisionen zugeschrieben, obwohl nicht weniger als zwei Drittel seiner Truppe aus italienischen Einheiten bestand. Und als die Engländer Ende 1941 zum Gegenangriff antraten und Rommel zum Rückzug zwangen, wobei er zahlreiche Panzer und Geschütze zurücklassen, die Cyrenaika räumen und dem Gegner die Möglichkeit geben mußte, Tobruk zu entsetzen, das er so lange belagert und hartnäckig zu stürmen versucht hatte, wurde dieser Rückschlag mehr den italienischen Einheiten unter seinem Befehl und der Umbesetzung der britischen Führungsspitze, als irgendwelchen Führungsschwächen Rommels zugeschrieben.

Als Rommel jetzt seine neue Offensive vorbereitete, um Tobruk einzunehmen und die Engländer über die ägyptische Grenze zurückzuwerfen, war Mussolini fest entschlossen, dafür zu sorgen, daß der Anteil der italienischen Divisionen entsprechend gewürdigt wurde. Zugleich wollte er persönlich an diesem Sieg teilhaben, indem er im entscheidenden Augenblick das Schlachtfeld betrat, wie es ihm in Griechenland nicht vergönnt gewesen war.

Rommels Wüstenoffensive begann am 26. Mai 1942. Sie stieß auf harte Gegenwehr, aber der Duce war zuversichtlich. Er sprach optimistisch von einer neuen, diesmal erfolgreichen Belagerung Tobruks und einem Vorstoß nach Marsa Matruk. Er verfolgte den Vormarsch der deutsch-italienischen Kräfte mit noch größerem Interesse, als er für die Bewegung der italienischen 8. Armee in Rußland gezeigt hatte. Für Mussolini ging es darum, den richtigen Augenblick für den Abflug zur Front nicht zu verpassen: Er fürchtete die Möglichkeit, zu spät einzutreffen und den Eindruck zu erwecken, er versuche nachträglich, sich mit dem Lorbeer der Sieger zu schmücken, und schreckte andererseits vor der Aussicht zurück, zu früh verwickelt zu werden. Wie er selbst eingestand, wollte er unter allen Umständen eine Wiederholung der Panne in Albanien vermeiden, wo sie ihn „zum Augenzeugen einer unglücklich verlaufenden Schlacht“ gemacht hatten. Aber diesmal wollte er an die Front reisen, sobald Tobruk gefallen war.

Tobruk fiel am 20./21. Juni, und Rommel baute diesen Erfolg rasch weiter aus, indem er am 23. Juni die libysch-ägyptische Grenze überschritt, die britischen Truppen bei Marsa Matruk zersprengte und in Richtung El Alamein vorstieß. General Sir Claude Auchinlek, der Nachfolger Wavells, begab sich eilig an die Front, um das Kommando selbst zu übernehmen; aber Rommel schien unbesiegbar zu sein. Der deutsch-italienische Vormarsch ging weiter.

Am 29. Juni 1942 flog Mussolini nah Libyen. Er hatte auf ein Telegramm Cavalleros mit dem einzigen Wort „*Trevere*“ gewartet, das ihm garantierte, daß das italienische Oberkommando der Überzeugung war, der Vormarsch der Achsenmächte werde bis an den Suezkanal führen. Dieses Telegramm war am 27. Juni eingegangen, aber seine Übermittlung war durch einen Sturm um zwei Tage verzögert worden, und als der Duce in Nordafrika eintraf, mußte er erkennen, daß der Angriffsschwung dahin war, Cavallero die weitere Entwicklung der Lage zu optimistisch beurteilt hatte und „selbst Rommels Strategie ihre Höhen und Tiefen hatte“.

In seiner *Storia di un anno* bezeichnete Mussolini den 28. Juni 1942 später als den Wendepunkt des Krieges und seiner eigenen Karriere. Trotzdem wiegte er sich im Augenblick noch in Träumen von einem raschen Sieg. Er ließ sich sogar mit den Deutschen auf Diskussionen über die zukünftige Vewaltung Ägyptens ein und stimmte sichtlich widerstrebend zu, daß Rommel als Militärgouverneur eingesetzt und ein italienischer Zivilbeamter Stellvertreter werden sollte.

Überall in Nordafrika wurde von Rommel gesprochen, bis Mussolini diesen Namen nicht mehr hören konnte. Die Deutschen sprachen ständig bewundernd von ihm; die Italiener äußerten sich voller Ressentiments. Besonders erbittert waren die italienischen Generale darüber, daß der deutsche Kommandierende General sich in einer Meldung abfällig über die Leistungen der italienischen Division „Sabratha“ geäußert hatte, auf die sie und Mussolini sehr stolz waren.

Mussolini erklärte, er werde Rommel seine Formulierungen in dieser Meldung „nie verzeihen"; aber als er an Hitler schrieb, um sich darüber zu beschweren, klang sein Brief beinahe unterwürfig und enthielt Floskeln wie „Ich gestatte mir, Ihre Aufmerksamkeit darauf zu lenken, daß..." und „Ich habe die Ehre, Ihnen... zu übermitteln."

Für seinen Sieg wurde Rommel — nach Auffassung Mussolinis nun nicht mehr „einer der größten militärischen Führer der Gegenwart, sondern ein Verrückter" — mit der Beförderung zum Generalfeldmarschall belohnt. Daraufhin beförderte der Duce seinerseits auch Cavallero zum Marschall, obwohl er keine hohe Meinung von den Fähigkeiten seines Generalstabschefs hatte, der sich, wie Ciano boshaft behauptete, „vor öffentlichen Bedürfnisanstalten verbeugen würde, wenn ihm das eine Beförderung einbrächte". Daß Cavallero bei Mussolini noch in gutem Ansehen stand, verdankte er nur seinem fröhlichen Optimismus: seiner Bereitwilligkeit, Erfolge übertrieben darzustellen und Mißerfolge herunterzuspielen, wie es die Lage erforderte.

Die drei Wochen, die Mussolini in Libyen verbrachte, gehörten zu den unerfreulichsten seines Lebens. Rommel geruhte nicht einmal, ihm einen Besuch abzustatten, und der Duce war gezwungen, sich hinter den Linien herumzutreiben — er besuchte niemals die Front —, wo ihm niedergeschlagene italienische Generale Gesellschaft leisteten, und sich ihre Klagen anzuhören. Er erzählte ihnen von größeren Nachschubmengen, die bald übers Mittelmeer kommen würden, binnen kurzem in Rußland zu erwartenden Siegen und den Plänen für die Eroberung Maltas. Sie hörten ihm respektvoll zu und warfen zwischendurch ein: *„Si, Duce... Si, Duce... e vero, Duce... Il Duce ha ragio-*

ne..." Aber sie wußten in ihrem Innersten, daß das nicht stimmte, daß der Duce nicht recht hatte, und Mussolini kehrte von ihrer Mutlosigkeit angesteckt nach Rom zurück.

Seine Magenschmerzen traten wieder verstärkt auf; sein Magengeschwür machte ihm mehr zu schaffen als je zuvor; er wirkte sehr müde und krank. Deshalb wurde offiziell mitgeteilt, die durch seine anstrengenden Amtspflichten hervorgerufene Erschöpfung habe einen Anfall von Amöbenruhr nach sich gezogen. Mussolini zog sich auf seinen oberitalienischen Landsitz Rocca delle Caminate zurück, den er in glücklicheren Zeiten geschenkt bekommen hatte. In Rom machte das Gerücht die Runde, er habe sich dorthin zurückgezogen, um zu sterben. ,,Vielleicht stirbt er tatsächlich", sagte einer seiner Minister, ,,aber nicht an Ruhr. Er hat ein ungewöhnlicheres Leiden. Es heißt Demütigung."

Giuseppe Bottai, der Erziehungsminister, hatte sich eine andere Theorie zurechtgelegt. Seiner Ansicht nach hatte Italo Balbo vermutlich recht gehabt, als er Mussolini als ,,ein Produkt der Syphilis" bezeichnete — obwohl Bottai diese Vermutung früher stets zurückgewiesen hatte. ,,Ich frage mich jetzt, ob sein Urteil über Mussolini nicht richtig gewesen oder der Wahrheit zumindest sehr nahe gekommen ist", vertraute Bottai Ciano an. ,,Der Duce ist geistig und körperlich verfallen. Er zieht mich nicht mehr an. Er ist kein Mann der Tat; er ist anmaßend und ehrgeizig, er will nur noch bewundert, umschmeichelt und verraten werden."

Tatsächlich wurde Mussolini ab 1942 in seinem Urteil unberechenbar sprunghaft, neigte zu unvorhersehbaren

Stimmungswechseln und wurde in bezug auf seine Loyalitäten und Vorlieben immer unsteter. Wenn er heute den unmittelbar bevorstehenden Zusammenbruch der Alliierten voraussagte, sprach er vielleicht schon morgen von einem Krieg, der noch mindestens fünf Jahre dauern würde. Manchmal neigte er dazu, die Bedeutung der Vereinigten Staaten völlig zu ignorieren: Er hatte ihren Eintritt in den Zweiten Weltkrieg lange für unwahrscheinlich, wenn nicht unmöglich gehalten, und ihnen nach dem japanischen Überfall auf Pearl Harbor in einer so kurzen Rede den Krieg erklärt, als handele es sich um eine Kriegserklärung an Nicaragua. Bei anderer Gelegenheit ließ er sich dann wieder trübsinnig über Macht und Einfluß Amerikas aus.

Manchmal überhäufte der Duce seine Lieblingsverbände in der italienischen Armee mit fast peinlichem Lob: „Die Division ‚Tridentina‘ ist überragend. Ich bestätige ohne Zögern, daß es in ganz Europa keine besseren Soldaten gibt.“ Ein andermal kritisierte er alle drei italienischen Teilstreitkräfte und fragte, wie diese Rasse gute Soldaten hervorbringen solle: „Die italienische Rasse ist eine Rasse von Schafen. Achtzehn Jahre sind nicht genug, um sie umzuformen. Das dauert hundertachtzig Jahre, vielleicht sogar hundertachtzig Jahrhunderte.“

Es kam auch vor, daß Mussolini es sich plötzlich in den Kopf setzte, irgendeinen Erlaß herauszugeben. So ordnete er Ende Februar 1942 die Mobilmachung aller Männer zwischen 18 und 55 Jahren an und stellte zugleich fest, als nächste seien die Frauen an der Reihe. Aber sobald der Erlaß veröffentlicht war, schien Mussolini jegliches Interesse daran zu verlieren und machte sich nie die Mühe, auch dafür zu sorgen, daß er durchgeführt wurde. Als er im April den Eindruck hatte, auf den Straßen der Hauptstadt flanierten viel zu viele junge Müßiggänger, erteilte er Anweisung, sie alle sofort zum Militärdienst einzuziehen. Mussolinis Befehl ging bei den zuständigen Stellen ein, wurde dort registriert und geriet stillschweigend in Vergessenheit.

Die Minister mußten sich daran gewöhnen, daß der Duce sich vorübergehend, aber geradezu leidenschaftlich für irgendwelche Bagatellen interessierte. Beispielsweise schien Mussolini eine Zeitlang ausschließlich mit der Abschaffung des Weihnachtsfests beschäftigt zu sein, das „einen nur an die Geburt eines Juden erinnert, der die Welt mit schwächenden und entkräftenden Theorien beglückt und es vor allem geschafft hat, Italien durch die desintegrierende Kraft der Päpste zu täuschen". Die Zeitungen durften das Weihnachtsfest nicht einmal erwähnen, aber die Bevölkerung feierte es natürlich wie zuvor. Bei anderer Gelegenheit machte Mussolini sich anscheinend Sorgen um die richtige Bezeugung des Römischen Grußes der Faschisten und tadelte Minister, die ihn nicht vorschriftsmäßig erwiesen.

Bei so labiler Führung war es nicht weiter verwunderlich, daß der italienische faschistische Kriegsapparat nur stockend und unregelmäßig funktionierte; daß Achtzehnjährige schon am Musterungstag nach Nordafrika verfrachtet wurden, ohne jemals ein Gewehr in der Hand gehabt zu haben, daß die Rüstungswerke weniger als die Hälfte der Mussolini zugesicherten Materialmengen produzierten; daß nicht einmal der Oberbefehlshaber genau wußte, wie viele Divisionen einsatzbereit und auf welche Standorte sie verteilt waren; daß die Polizei trotz der Rationierung fast aller Lebensmittel — darunter Brot, Gemüse, Fleisch, Reis und Eier — jeglichen Versuch, den Schwarzen Markt einzudämmen, hatte aufgeben müssen, weil eine Regierungsverordnung ungeschickterweise versucht hatte, das Schwarzmarktproblem durch eine allgemeine Preissenkung um 20 Prozent aus der Welt zu schaffen.

Am bittersten für Mussolini war die wachsende Abhängigkeit Italiens von Deutschland, während zugleich aus Berlin wiederholt Andeutungen kamen, Italien sei jetzt kein nützlicher Bundesgenosse mehr, sondern unterdessen ein Klotz am Bein der Deutschen. Er mußte auf seine mit Begeisterung ausgearbeiteten Pläne zur Eroberung Maltas verzichten, als Hitler anklingen ließ, wegen des ungewissen Kampfwerts der italienischen Truppen könne die Insel jetzt wohl kaum mehr genommen werden. Und er mußte auch beträchtliche Kürzungen der Öl- und Kohlelieferungen aus Deutschland und Rumänien hinnehmen, weil die Weiterbelieferung aus deutscher Sicht bedeutet hätte, wie es ein Angehöriger der deutschen Botschaft in Rom brutal ausdrückte, „schlechtem Öl gutes hinterherzuwerfen“. Die Deutschen weigerten sich auch, die eingegangenen Lieferverpflichtungen in bezug auf Stahl und andere für die Rüstungsindustrie unentbehrliche Materialien zu erfüllen.

So war es kein Wunder, daß der Duce erbittert davon sprach, eines Tages den wichtigsten Friedhof Italiens anzulegen, um auf ihm deutsche Versprechungen beisetzen zu können. „Von dem Versprochenen haben sie nichts oder fast nichts geliefert“, stellte er fest. „Deshalb habe ich Cavallero dazu überredet, keine Pak- und Flakgeschütze für unsere nach Rußland entsandten Divisionen anzufordern. Ich ziehe es vor, das Risiko einzugehen, zwölf Flakbatterien aus der Luftverteidigung Roms herauszunehmen.“ Für die mißliche Lage des Landes machte er erneut die italienische Bourgeoisie verantwortlich, die „sich nie die Mühe gemacht hat, unsere Ressourcen zu erschließen“, so daß er bedauerte, sie „nicht physisch vernichtet zu haben“.

Noch schlimmer waren jedoch die weiterhin eingehenden Berichte über die verächtliche und grausame Behandlung der nach Deutschland entsandten italienischen Arbeiter, die so viel durchmachten, daß noch im Jahre 1942 beschlossen wurde, keine weiteren Arbeiter mehr zu schicken. Und aus Rußland trafen Meldungen ein, nach denen die Kommandeure deutscher Einheiten sämtliche verfügbaren Fahrzeuge beschlagnahmt hatten, so daß italienische Einheiten auf dem Rückzug durch den Schnee hatten marschieren müssen.

Mussolini mußte sich mit der Tatsache abfinden, daß die Deutschen nicht nur das Vertrauen zum Kampfwillen der Italiener verloren und sie nicht nur behandelten, als seien sie bereits Feinde, statt Bundesgenossen, sondern daß Berlin auch beschlossen hatte, durch die Wehrmacht geeignete Schritte unternehmen zu lassen, um der Möglichkeit eines italienischen Zusammenbruchs vorzubeugen. Mehrere deutsche Großverbände wurden nach Italien verlegt — offiziell zur „Ausbildung“ —, und Generalfeldmarschall Albert Kesselring übernahm den Befehl über die in Italien stationierten deutsch-italienischen Kräfte — wie Rommel in Nordafrika — und wurde dazu von Hitler zum Oberbefehlshaber Süd ernannt.

Der Duce blieb nicht lange im Zweifel darüber, was Kesselrings Stab von den italienischen Verbündeten hielt, denn die Telefongespräche nach Berlin wurden abgehört, so daß Mussolini in Wortprotokollen nachlesen konnte, daß Deutsche die Italiener als „Makkaronis" bezeichnet und der Hoffnung Ausdruck verliehen hatten, Italien werde bald ein besetztes Land sein. Aus anderen mitgehörten Gesprächen ging eindeutig hervor, daß die Vorbereitungen für eine militärische Besetzung Italiens tatsächlich schon weit fortgeschritten waren und für den Fall, daß der Duce sich widerspenstig zeigte, die Errichtung einer Marionettenregierung unter nomineller Führung des zuverlässig deutschenfreundlichen ehemaligen Parteisekretärs Roberto Farinacci, des italienischen Julius Streicher, vorsahen.

Viele Deutsche ließen offen erkennen, daß ihnen ein Führer dieser Art lieber gewesen wäre, denn Mussolini galt als zu weich und nachgiebig. Beispielsweise ließ er zu, daß die Italiener „in ihrer Behandlung der Juden äußerst lasch" waren, wie Goebbels tadelnd anmerkte, und als kroatische Partisanen Bombenanschläge auf italienische Truppen verübten, sprach er finster von massiver Vergeltung nach deutschem Vorbild, aber niemand glaubte auch nur eine Sekunde lang, daß er seine Drohung wahrmachen würde. Außerdem war Mussolini im Oktober 1942 ein schwerkranker Mann. Bottai schilderte ihn als „grau, aschfahl, mit eingesunkenen Wangen, sorgenvollen und müden Augen und einem bitteren Zug um den Mund... gedemütigt, traurig und außerstande, die Last seiner Jahre zu tragen. Das ist für jemanden, der ihn geliebt hat und trotz allem noch immer liebt, qualvoll. Man möchte seine Hände nehmen und mit ihm reden. Aber er ist nicht mehr der Mann, der er einst gewesen ist. Der Weg zum Austausch von Vertraulichkeiten ist versperrt."

Seit seiner Rückkehr aus Libyen hatte Mussolini 19 Kilo abgenommen. Seine Magenschmerzen waren manchmal so heftig, daß er beide Hände vor den Mund schlagen mußte, um nicht laut zu schreien. Manchmal, so berichtete der Chefportier im Palazzo Venezia, vergaß er alle Zurückhaltung, warf sich auf den Boden und rollte vor Schmerzen hin und her. Eine Zeitlang wurde befürchtet, er könnte an etwas Schlimmerem als Zwölffingerdarmgeschwüren leiden. Professor Cesare Frugoni, einer der führenden Ärzte Italiens, der zuerst akute Ruhr diagnostiziert hatte, war jetzt der Ansicht, der Patient habe ein fortgeschrittenes Krebsleiden. Die anderen Ärzte schlossen sich dieser Auffassung nicht an. Mussolini wurde jedenfalls auf eine hauptsächlich flüssige Diät gesetzt, die ihn anämisch machte, und litt weiter.

Bottai und Mussolinis Tochter Edda, verheiratete Gräfin Ciano, waren der Überzeugung, seine Krankheit verschlimmere sich auch durch seine fortgesetzten Nachmittagsbesuche bei Claretta (Clara) Petacci, der letzten in einer langen Reihe von Geliebten, die im Palazzo Venezia eine Wohnung in einem der oberen Stockwerke hatte. Obwohl er sich jetzt häufig mit ihr stritt, sie oft beschimpfte und manchmal sogar schlug, konnte er nicht ohne sie leben. Die notorische Protektion, die Mussolini ihrer unbeliebten, geldgierigen Familie angedeihen ließ, sowie die unerwünschten Mitläufer der Petaccis waren hauptsächlich mit daran schuld, daß das Volk die Achtung vor ihm verlor.

Der Duce schien diesen Autoritätsverlust kaum zu bemerken, denn er mischte sich jetzt nur noch selten unters Volk. Seine Minister wagten in seiner Gegenwart keine kritischen Äußerung, und die Zeitungen druckten nur die Nachrichten, die er für seine Italiener für geeignet hielt; Blätter, die über unangenehme Themen wie Schlangestehen, Versorgungsmängel und Hunger berichteten, wurden wie *Oggi* verboten.

Mehrere führende Faschisten wandten sich an Ciano und erklärten ihm, als engster Berater und Schwiegersohn des Duce habe er die Pflicht, ihn vor der Mißstimmung im Lande und den Ressentiments zu warnen, für die es zwei Ursachen gab: die Ernennung Aldo Vidussonis, eines unwürdigen Schützlings der Familie Petacci, zum Sekretär der Faschistischen Partei, und das skandalöse Verhalten von Claretta Petaccis Bruder Marcello, der mit Wissen des Innenministers und des Amts für Devisenbewirtschaftung einen illegalen Goldhandel aufgezogen hatte.

Ciano hatte nicht den Mut, deshalb an den Duce heranzutreten. Welchen Zweck sollten solche Warnungen im übrigen haben, fragte er aufgebracht, wenn zwei der engsten Mitarbeiter Mussolinis, sein Privatsekretär Nicolo de Cesare und der Staatssekretär im Innenministerium, Guido Buffarini-Guidi, in diesem „Unterweltmilieu“ fette Gewinne machten?

So nahm die italienische Tragödie ihren Lauf, und die Ablehnung des Krieges und des faschistischen Regimes wurde immer stärker, während freimütig redende Arbeiter und Intellektuelle verhaftet wurden und die Polizei Warnschüsse über die Köpfe von Streikenden und Demonstranten hinweg abgab. Alliierte Bomber verstärkten ihre Luftangriffe auf italienische Städte, die Menschen litten Hunger, und fast alle waren sich darüber einig, daß sie alles tun würden, um diesen sinnlosen Krieg zu beenden — sie würden sogar versuchen, ihn zu gewinnen. Mussolini, der die wenigen ihn erreichenden Berichte über die Unruhe im Lande bewußt ignorierte, verwandte viel Zeit darauf, die Presseberichterstattung zu manipulieren, Stil oder Inhalt des täglichen militärischen Lageberichts zu ändern, bevor er gesendet wurde, Schlagzeilen umzuschreiben, Siege zu erfinden und die eigenen Aktivitäten so übertrieben darzustellen, daß die Landung einer 150 Mann starken Fallschirmjägerkompanie auf einer der Ionischen Inseln als Landung einer ganzen Division gemeldet wurde.

In den Pausen zwischen diesen Beschäftigungen hielt der Duce Besuchern Vorträge, beschimpfte seine Gegner und verdammte alle, die er für Italiens Niederlagen verantwortlich machte. Die Generale waren ,,paralytisch"; die Admirale waren noch schlimmer; die Bourgeoisie galt als ,,dekadent"; das italienische Volk war ,,eine mittelmäßige Rasse von Taugenichtsen, die nur singen und Eis essen können". Was die Deutschen betraf, schilderte er sie als ,,flegelhafte Barbaren", ,,unzuverlässige Aufschneider" und ,,primitive Entartete". ,,Sie sollten daran denken", sagte er einmal und kam damit auf ein Thema zurück, das ihn offenbar nicht mehr losließ, ,,daß wir durch sie ein Imperium verloren haben. Ich habe einen Stachel im Herzen, weil die besiegten Franzosen noch immer ihr Reich besitzen, während wir unseres verloren haben... Wir sind vielleicht bereit, unser letztes Hemd herzugeben, aber die Deutschen ziehen uns sogar die Haut ab." Hitler war nur ein ,,großer Esel"; das gleiche galt für Roosevelt, denn sie gehörten verwandten Rassen an.

Unter Mussolini wurden die Pontinischen Sümpfe trockengelegt und in Musterfelder verwandelt. Der Duce bei Erntearbeiten und beim Empfang in der neugegründeten Stadt Littoria

Nach Unterzeichnung des Münchner Abkommens 1938: Chamberlain, Daladier, Hitler, Mussolini und Graf Ciano (von links)

Kurz nach dem italienischen Kriegseintritt bei einer Truppeninspektion der 8. Armee am 24. 9. 1940

Gemeinsame Frontbesichtigungsfahrt Hitlers mit Mussolini 1942 in der Ukraine

Im Juli 1943 landen die Alliierten an der sizilianischen Südküste, kurze Zeit später ist der Duce entmachtet

Nach der Befreiung Mussolinis vom Gran Sasso wird der Duce ins Führerhauptquartier nach Rastenburg/Ostpreußen geflogen

Nach dem mißglückten Attentat vom 20. 7. 1944: Mussolini, Bormann, Dönitz, Hitler, Göring, Fegelein und Loerzer (von links)

Mitten in einer seiner Tiraden wurde Mussolini gemeldet, General Bernard Montgomery, der neue englische Oberbefehlshaber in Nordafrika, habe die deutsch-italienische Front im Raum El Alamein durchbrochen. Er nahm diese lange erwartete Niederlage mit dem ernsten, ruhigen Stoizismus hin, zu dem er in kritischen Augenblicken noch immer imstande war. Der Verlust Libyens sei vielleicht sogar vorteilhaft, argumentierte er, „denn dieses Gebiet hat uns unsere Handelsflotte gekostet, und wir können uns jetzt besser auf die Verteidigung Italiens konzentrieren."

Zwei Tage später schien die Konzentration auf diese Verteidigung dringender zu sein, als er oder die Deutschen vorausgesehen hatten, denn die Amerikaner landeten in Algerien. Obwohl Mussolini noch vor kurzem den Kriegseintritt Amerikas als verhältnismäßig bedeutungslos abgetan hatte, erkannte er, daß die moralischen Auswirkungen dieser Landung in Nordafrika auf alle Italiener „sofort eintreten und tiefgehend sein" würden: „Alle Gegner des Faschismus erhoben prompt ihr Haupt. Die ersten Verräter kamen aus den Schatten hervor."

Die Deutschen machten sich nun mehr und mehr Sorgen wegen der mit einem Zusammenbruch Italiens verbundenen Gefahren. Göring und Rommel kamen gemeinsam nach Rom, um zu versuchen, ihre Verbündeten zu einer positiveren Einstellung zu Krieg und Mobilmachung zu überreden — jedoch nur „mit dem Erfolg, daß er (Göring) sie vor den Kopf stieß", wie Rommel es schilderte, „ohne daß wir auf eine Abhilfe hoffen konnten... Das Unechte der Achse wurde von vielen Italienern zutiefst empfunden, und sie nahmen deshalb an, daß wir im Enderfolg wenig

Rücksicht auf ihre Belange nehmen würden. Für Mussolini drohte nach allgemeiner Ansicht eine innenpolitische Krise, falls Tripolitanien verlorengehen sollte... Ein großer Teil der Italiener wollte nicht mehr mitmachen und überlegte, wie man am besten aussteigen könne."

Hitler hielt es für unerläßlich, Mussolini erneut jene Zuversicht einzuimpfen, die nur er ihm vermitteln konnte, aber der Duce, dessen Gesundheitszustand nach seiner Darstellung damals so schlecht war, daß ein Deutschlandbesuch nicht in Frage kam, erklärte ihm in seinem Antwortschreiben, die Lage lasse sich am besten durch einen deutschen Rückzug aus Rußland und eine Konzentration der Achsenmächte im Mittelmeerraum bereinigen. Diese Lösung entsprach keineswegs der Auffassung des Führers, nach dessen Überzeugung der Krieg noch jetzt in allen Fronten zu gewinnen war.

Der Duce, der keinen Grund hatte, diese Zuversicht zu teilen, mußte erkennen, daß sein eigenes politisches Schicksal eng mit der Niederlage der Achsenmächte in Nordafrika und dem Verlust Libyens verknüpft war, und ahnte wohl auch, daß inner- und außerhalb der Partei darüber diskutiert wurde, ob er diesen Sturm überstehen könne, ob es überhaupt wünschenswert sei, daß er im Amt bleiben und wie man ihn daraus entfernen könne. Nach unbestätigten Gerüchten strebten Cavallero, Grandi, Bottai und Farinacci seine Nachfolge an.

Mussolini nahm diese Bedrohung jedoch nicht allzu ernst, und seine Reaktion zeigte, daß er ihr wahres Wesen völlig mißverstanden hatte. Er bildete seine Regierung um, übernahm das Außenministerium von Ciano, der zum Botschafter beim Heiligen Stuhl ernannt wurde, entließ mehrere seiner Anhänger aus ihren Positionen und versetzte einige seiner aktivsten Kritiker lediglich von einem Ministerium ins andere. Cavallero wurde als Generalstabschef durch General Vittorio Ambrosio ersetzt, der zu den Verschwörern gegen Mussolini gehörte und dem Kesselring tiefstes Mißtrauen entgegenbrachte. Wie Bottai bemerkte, schien der Duce lediglich versucht zu haben, „von den großen Fragezeichen der Stunde abzulenken und seine Macht über Menschen zu demonstrieren".

Hitler, der erneut versuchen wollte, Mussolini neue Zuversicht zu vermitteln, und dem es um eine persönliche Bestätigung ging, daß Ciano nicht zu Friedensverhandlungen in den Vatikan entsandt worden war, wiederholte seine Einladung zu einem Deutschlandbesuch. Diesmal nahm Mussolini sie an, obwohl er noch immer an Magenkrämpfen litt. Er reiste nur widerstrebend, weil er fürchtete, die Deutschen würden sich darüber lustig machen, daß er mit einem Arzt und einem Diätkoch reiste; er wollte nicht, daß „eine Bande heißhungriger Deutscher" Witze über seinen Milchreis machte.

Mussolini war unterwegs reisekrank, und als er in Deutschland aus dem Zug stieg, fand der Führer, wie Goebbels berichtete, er sehe „wie ein gebrochener alter Mann aus". Großadmiral Karl Dönitz gegenüber äußerte Hitler sich über seine Depressionen und Interesselosigkeit und bezweifelte, ob der Duce wirklich entschlossen sei, „bis zuletzt durchzuhalten".

Während der Gespräche mit Hitler machte Mussolini offenbar einige Bemerkungen über die Notwendigkeit eines Rückzugs aus Rußland, die Zurückverlegung von Truppen in den Mittelmeerraum zur Verteidigung des italienischen Festlands und die Verstärkung der deutschen Wirtschaftshilfe. Aber Hitler weigerte sich, auf solche Vorschläge einzugehen. Er war, wie Alfieri berichtete, „von seiner fanatischen Idee, Rußland zu besiegen, beherrscht und besessen“ und wehrte sämtliche Argumente ab, die damit zu kollidieren drohten. Während Mussolini trübseligen Gedanken über die Auswirkungen einer neuen deutschen Offensive in Rußland auf die italienischen Verbände in Tunesien nachhing, fuhr Hitler mit seiner endlosen Lagebeurteilung fort, und der Duce fühlte sich zu krank, um ihm zu widersprechen.

Gegen Ende dieses Treffens war Mussolini jedoch zumindest teilweise wiederaufgerichtet. Hitler beglückwünschte sich, daß es ihm erneut gelungen war, den „gebrochenen alten Mann“ in einen Verbündeten zurückzuverwandeln, der kampfbegierig und zu allem bereit war. Der Duce begriff jetzt, daß es „für ihn keine andere Rettung“ gab, als mit Deutschland zu siegen oder unterzugehen.

Nach seiner Rückkehr nach Rom verhielt er sich geradezu charakteristisch. Er ordnete den Bau eines Konzentrationslagers für Antifaschisten an; er entließ den Polizeichef und den Parteisekretär; in Bottais Gegenwart murmelte er drohend: „Es wird behauptet, ich sei erledigt, kraftlos, am Ende. Na ja, sie werden ja sehen...“

Am Jahrestag des Einmarsches italienischer Truppen in Addis Abeba hielt Mussolini von seinem Balkon im Palazzo Venezia aus eine zündende Rede, die mit den flammenden Worten schloß: „Ich höre in euren Stimmen die Kundgebung eures alten und unerschütterlichen Glaubens mitschwingen. Die blutigen Opfer dieser schweren Zeit werden mit dem Sieg belohnt werden. Das ist wahr, so wahr Gott gerecht und Italien unsterblich ist!“

Aber dies war die letzte Rede, die der Duce in seinem Leben auf diesem Balkon halten sollte, von dem aus er schon so oft an den Kampfgeist des Faschismus appelliert hatte. Bitten um deutsche Luftunterstützung zur Rettung Tunesiens stießen in Berlin auf taube Ohren, und am 8. Mai 1943, drei Tage nach Mussolinis Rede aus dem Palazzo Venezia, fielen Tunis und Biserta. Am 15. Mai kapitulierten die letzten Truppen der Achsenmächte in Tunesien, und am 9. Juli landeten die Alliierten in Sizilien, nachdem sie zuvor die Inseln Pantelleria und Lampedusa besetzt hatten.

Während die entmutigten Italiener zurückgingen und es den Deutschen überließen, Sizilien nach Kräften zu verteidigen, schrieb Hitler an Mussolini, um ihm klipp und klar mitzuteilen, falls die Italiener die Absicht hätten, den Kampf aufzugeben, wie es jetzt den Anschein habe, werde Deutschland sie selbstverständlich nicht durch Entsendung weiterer Truppen unterstützen. Ambrosio staunte über den fast beleidigenden Ton dieser Mitteilung; Mussolini nahm sie jedoch gelassen auf und schlug ein weiteres Treffen vor, das er für nützlich erachtete.

Hitler war einverstanden, und das Treffen fand in einer Villa in Feltre in den südlichen Ausläufern der Dolomiten statt. Wie General Enno von Rintelen, der deutsche Militärattaché in Rom, berichtete, stand dieses dreizehnte Zusammentreffen der beiden Diktatoren unter keinem glücklichen Stern. „Über dem Flugplatz lag eine bleierne Müdigkeit, die sich nicht allein mit der Hitze erklären ließ.“

Hitler erging sich wie üblich in endlosen Monologen.

Mussolini saß „mit übergeschlagenen Beinen auf dem vorderen Rand seines Sessels, der ihm zu groß und zu tief war, hatte die Hände um seine Knie gefaltet und hörte geduldig und ausdruckslos zu", während der Führer auf einem Kampf mit letztem Einsatz in Italien und Rußland bestand, bis der Sieg errungen sei. Hitlers Ausführungen ließen an Deutlichkeit nichts zu wünschen übrig: Er verglich den Durchhaltewillen in Deutschland, wo 15 jährige Flakbatterien bemannten, mit der Lage in Italien, wo weit realistischere Methoden angewandt werden mußten, die Regierung nicht genügend Achtung genoß, Defätismus sich breitmachte, Feiglinge und Verräter an die Wand gestellt werden mußten und die einzig mögliche Lösung aus der Unterstellung sämtlicher italienischer Truppen unter deutschen Oberbefehl bestand.

Der Duce, der sich den Mund mit dem Handrücken rieb und sich mit einem Taschentuch den Schweiß von der Stirn wischte, gab keine Antwort. Er scheint sich im Gespräch mit Hitler überhaupt nur zweimal geäußert zu haben. Einmal berichtigte er eine Behauptung über die Bevölkerung Korsikas, beim zweitenmal verkündete er, nachdem ein Sekretär ihm einen Zettel mit einer Nachricht gereicht hatte: „In diesem Augenblick führt der Feind einen schweren Luftangriff auf Rom durch."

Aber als Ambrosio ihm später einige Ratschläge unter vier Augen geben wollte, brach es mit „vor Erregung bebender" Stimme aus ihm hervor: „Können Sie wirklich glauben, daß ich nicht von denselben Gedanken wie Sie gequält worden bin? Hinter meiner leidenschaftslosen Maske leide ich Seelenqualen. Aber was wird, wenn wir uns von Deutschland lossagen? Eines Tages setzen wir zur vereinbarten Stunde eine Rundfunknachricht an den Feind ab. Was dann? Er würde zu Recht unsere Kapitulation verlangen. Aber können wir das Ergebnis zwanzigjähriger Arbeit so leicht aufgeben und auf die Erfüllung all unserer Hoffnungen verzichten? Und was würde Hitler Ihrer Ansicht nach tun? Glauben Sie wirklich, daß er uns Handlungsfreiheit gewähren würde?“

Als Ambrosio davon sprach, daß dieser Krieg in Italien unpopulär sei, wurde Mussolini noch wütender. „Um Himmels willen, kommen Sie mir nicht mit Platitüden!“ rief er aus. „Kein Krieg ist jemals populär gewesen oder wird es zukünftig sein. Kriege werden erst populär, wenn sie siegreich enden.“

Sein Zorn legte sich so rasch, wie er aufgeflammt war, und der Duce begann nach einer kurzen Pause einen langen politisch-historischen Vortrag, „der an jedem anderen Ort und zu jeder anderen Zeit interessant gewesen wäre.“

Ambrosio kehrte mit der Überzeugung aus Feltre zurück, daß der Duce sich innerlich noch jetzt weigerte, den schwierigen Problemen, vor denen er stand, ins Auge zu blicken, und daß er die von Hitler vorgeschlagenen Maßnahmen nicht ergreifen würde, ohne sich Alternativen überlegt zu haben. Ambrosio hatte nun die Gewißheit gewonnen, daß der Duce entmachtet werden mußte, wenn Italien gerettet werden sollte.

In Rom hatten Faschisten und Nichtfaschisten nun schon seit Wochen genau dieses Problem diskutiert. Vor der Begegnung in Feltre hatte der König, der mit verschiedenen faschistischen Fraktionen in täglicher Verbindung stand, nach wochenlangem Zögern und fast täglichen Stimmungswechseln den Entschluß gefaßt, Mussolini eines Tages verhaften zu lassen, wenn er zur Audienz in die Villa Savoia oder in den Quirinalspalast kam. Unabhängig von den Faschisten wandte er sich an Marschall Badoglio, um zu sondieren, ob er bereit sei, Mussolinis Nachfolge anzutreten. Badoglio sagte unter der Bedingung zu, daß eine Regierung ohne Faschisten gebildet werde. Der Stab des Königs hatte deshalb begonnen, diese Verhaftung zu organisieren, wobei es mit darauf ankam, ein Eingreifen General Enzo Galbiatis zu verhindern, der seinen Posten als Kommandeur der Faschistischen Miliz den einflußreichen Petaccis verdankte.

Gleichzeitig hatten auch die Faschisten Pläne zum Sturz ihrers Führers geschmiedet: Mussolini sollte ohne großes Aufsehen auf einer Sitzung des Faschistischen Großrats, des höchsten verfassungsgebenden Staatsorgans, aus seinem Ämtern entfernt werden. Dieser vom Duce ins Leben gerufene Rat war seit Kriegsausbruch nicht mehr zusammengetreten, und Mussolini wollte ihn eigentlich auch jetzt nicht einberufen. Er wurde jedoch unter Druck gesetzt, mußte schließlich nachgeben und lud für Samstag, den 24. Juli 1943, zu einer Sitzung ein.

Graf Dino Grandi — der Mussolini noch vor zwei Monaten erklärt hatte: ,,Mein Leben, meine Treue, meine Seele gehören Ihnen!" — hatte die Initiative übernommen, indem er dem Großrat einen Entschließungsentwurf vorlegte, der keineswegs ungewöhnlich begann, aber dann anregte, für den Duce sei nun der Zeitpunkt gekommen, seine Macht in die Hände zurückzulegen, aus denen er sie empfangen hatte. Nach einer langen und rhetorischen Präambel wurde erklärt, es sei notwendig, ,,augenblicklich alle staatlichen Funktionen wiederherzustellen, indem dem König, dem Großrat, der Regierung, dem Abgeordnetenhaus und den Körperschaften die ihnen durch Verfassung und Gesetz zugewiesenen Aufgaben und Zuständigkeiten rückübertragen werden". Weiterhin wurde in der Resolution angeregt, der Regierungschef solle Seine Majestät, „dem sich die Herzen des ganzen Landes gläubig und zuversichtlich" zuwendeten, ersuchen, den Oberbefehl über die Streitkräfte zu übernehmen und zugleich „jene oberste Entscheidungsbefugnis" auszuüben, die ihm nach der Verfassung zustand und in der bisherigen Geschichte der Nation „stets das ruhmreiche Erbe des erlauchten Hauses Savoyen" gewesen war.

Grandi zeigte seinen Entwurf zunächst Luigi Federzoni, einem angesehenen Faschisten aus der Frühzeit der Partei, der jetzt Präsident der italienischen Akademie war. Hätte Federzoni ihn abgelehnt, so berichtete Grandi später, wäre der Entschließungsentwurf möglicherweise nie vorgelegt worden. Nachdem Federzoni die Resolution schweigend und sehr aufmerksam gelesen hatte, stellte er jedoch zu Grandis Erleichterung fest: „Wir müssen alles, selbst das Unmögliche versuchen, um die Nation vor der völligen Vernichtung zu retten. Selbst wenn unser Versuch fehlschlägt, wird er der Funke sein, der eine Rebellion entzündet und das Volk aus seiner Apathie aufrüttelt."

Um zu vermeiden, daß er später als Verschwörer oder wegen Hochverrats angeklagt werden konnte, warb Grandi jetzt offen um Unterstützung für seine Resolution. Er legte sie drei weiteren hohen und einflußreichen Mitgliedern des Faschistischen Großrats vor: Giuseppe Bottai, Giuseppe Bastianini und Umberto Albini. Sie sprachen sich nicht eindeutig dafür aus wie Federzoni, aber ihre Reaktion ermutigte Grandi immerhin, sein Netz weiter auszuwerfen. Er suchte Emilio de Bono und Cesare de Vecchi auf, die beiden noch lebenden Quadrumviri, die 1922 den Marsch auf Rom angeführt hatten. Beide erklärten sich zurückhaltend bereit, seine Forderungen zu unterstützen; allerdings zeichnete sich schon jetzt ab, daß beide nur dann Farbe bekennen würden, wenn sich während der Debatte die Mehrheit der Anwesenden gegen den Duce aussprach. Weitere Mitglieder des Großrats, mit denen Grandi ebenfalls Verbindung aufnahm, wollten sich ebensowenig festlegen, aber keiner von ihnen sprach sich ausdrücklich gegen Grandis Entschließungsentwurf aus.

Selbst Carlo Scorza, der vor kurzem ernannte neue Parteisekretär, schien die Resolution zu akzeptieren, ohne überrascht zu sein oder Einwände zu erheben; nachdem Grandi die Parteizentrale verlassen hatte, hielt er es allerdings für ratsam, sich Rückendeckung zu verschaffen, indem er mit dem Entwurf zu Mussolini ging.

„Ich las das Dokument", schrieb der Duce später, „gab es Scorza zurück und erklärte ihm, es sei unzulässig und verachtenswert. Scorza steckte es in seine Aktentasche und bestand nicht weiter darauf."

Da Mussolini jetzt die geplante Resolution kannte, hielt Grandi es für ratsam, ihn zu einer persönlichen Aussprache aufzusuchen. Als Gesprächstermin wurde 17 Uhr am 22. Juli im Palazzo Venezia vereinbart. Im Terminkalender des Duce war für das Gespräch mit Grandi eine Viertelstunde vorgesehen. Für den nächsten Besucher — Feldmarschall Kesselring — waren eineinhalb Studen eingeplant.

Mussolini stand hinter seinem riesigen Schreibtisch in der Sala del Mappamondo auf, als Grandi den Raum betrat. Er forderte seinen Besucher nicht auf, Platz zu nehmen. Er hörte ihm jedoch geduldig zu, und nachdem Grandi den Entschließungsentwurf vorgelesen und sich mit einigen Sätzen für seine Annahme ausgesprochen hatte, antwortete Mussolini: ,,Sie hätten recht, und die Lösung, alles in die Hände des Königs zu legen, wäre akzeptabel, wenn der Krieg verloren wäre. Tatsächlich steht er jedoch vor seinem siegreichen Abschluß, denn in wenigen Tagen werden die Deutschen eine Waffe einsetzen, die die Lage verändern wird... Im übrigen werden wir diese Dinge auf der Sitzung des Großrats am kommenden Samstag in aller Ruhe besprechen.

Der Duce schien gänzlich unbesorgt zu sein, als habe er den eigentlichen Zweck der von Grandi ausgearbeiteten Resolution überhaupt nicht erfaßt. Jedenfalls tat er diesen Entwurf als unbedeutend ab. Als Kesselring sein Arbeitszimmer betrat, erkundigte Mussolini sich im Gesprächston: ,,Kennen Sie Grandi, der eben hinausgegangen ist? Wir haben von Mann zu Mann miteinander gesprochen und sind völlig einig. Er ist mir treu ergeben.''

Mussolinis nonchalante Sorglosigkeit beunruhigte Grandi weit mehr, als es ein Wutausbruch getan hätte. Beim Hinausgehen sah er Kesselring im Sitzungssaal warten und dachte sofort: Das ist ein schlechtes Zeichen! Vielleicht hatte der Duce bereits Maßnahmen ergriffen, um seine Position zu sichern und seine Gegenspieler auszuschalten. Grandi war besorgt genug, um den Staatssekretär im Innenministerium zu bitten, dafür zu sorgen, daß 200 Polizeibeamte bereitstanden, wenn der Großrat zusammentrat. Als Grandi am Nachmittag des 24. Juli zu der Sitzung fuhr, steckte er seine Pistole ein und hatte zwei Handgranaten in der Aktentasche. Er war zuvor zur Beichte gegangen und hatte einen Abschiedsbrief an seine Frau und seine Kinder hinterlassen.

Entmachtung und Befreiung

Als Graf Dino Grandi am 24. Juli 1943 den Palazzo Venezia betrat, mußte er befürchten, seine Vorsichtsmaßnahmen zu Recht getroffen zu haben: Im Hof hielten sich zahlreiche Angehörige der Faschistischen Miliz auf, während weitere Milizionäre auf den Korridoren und Treppen und in den Sälen patrouillierten. „Mit Ihrem Gespräch mit ihm haben Sie was Schönes angerichtet", flüsterte Bottai ihm aufgebracht zu. „Jetzt sind wir erledigt."

Sie betraten den Sitzungssaal und nahmen mit den übrigen Mitgliedern des Großrats Platz, um ängstlich auf den Duce zu warten. Auf seinen Befehl trugen sie alle das als *Sahariana* bekannte schwarze Buschhemd.

Als Mussolini den Saal betrat, marschierte er mit gewohntem Selbstbewußtsein zu seinem Platz, ohne die Versammelten eines Blickes zu würdigen. Er trug die graugrüne Uniform des Oberbefehlshabers der Faschistischen Miliz, als wolle er sich damit bewußt von den anderen abheben und seine Sonderstellung unterstreichen. Unter dem linken Arm trug er eine mit Papieren vollgestopfte Aktentasche. „Gruß dem Duce!" rief Scorza aus. Alle sprangen gehorsam auf und antworteten im Chor: „Wir grüßen ihn!" Mussolini nahm mit finsterer Miene an seinem erhöht auf einem Podest stehenden Tisch Platz.

„Der Krieg ist in ein äußerst kritisches Stadium getreten", verkündete er. „Man könnte sagen, der wirkliche Krieg habe mit dem Verlust von Pantelleria begonnen. Der periphere Krieg an der Küste Afrikas sollte diese Möglichkeit verhindern oder zumindest hinausschieben. In einer Lage wie dieser vereinigen sich alle offiziellen oder inoffiziellen Meinungsströmungen, die dem Regime offen oder heimlich feindselig gegenüberstehen, und machen gemeinsame Sache gegen uns... Das Volk ist nie wirklich von einem Krieg begeistert. Krieg ist stets ein Parteienkrieg, ein Krieg der Partei, die ihn gewünscht hat. Er ist stets der Krieg eines einzigen Mannes. Wenn der jetzige als Mussolinis Krieg bezeichnet wird, hätte er 1859 Cavours Krieg geheißen. Im Augenblick bin ich bestimmt der unbeliebteste oder vielmehr bestgehaßte Mann Italiens... Ich habe mich nicht im geringsten danach gedrängt, den Oberbefehl über die im Felde stehenden Streitkräfte übertragen zu bekommen... Als ich 1942 krank war, habe ich mit dem Gedanken gespielt, meine Befehlsbefugnisse abzugeben, aber ich habe es dann doch nicht getan, weil ich es für falsch gehalten habe, das Schiff mitten im Sturm zu verlassen. Ich habe mir vorgenommen, das erst nach einem Sonnentag zu tun, der bisher noch nicht gekommen ist. Ich glaube, daß zur Frage des Oberbefehls sonst nichts mehr zu sagen ist..."

Die Rede, mit deren Ausarbeitung Mussolini sich offenbar nicht die geringste Mühe gegeben hatte, wirkte weitschweifig, nicht überzeugend, unlogisch und teilweise unaufrichtig. Der Duce tadelte alles und jeden, nur sich selbst nicht. Er behauptete, er habe sich nie in die Leitung militärischer Operationen eingemischt, obwohl es für Italien vielleicht besser gewesen wäre, wenn er das getan hätte. Mussolini griff diejenigen an, die Italiens Zusammenbruch auf das Ausbleiben der zugesagten deutschen Lieferungen zurückführten, und wies mit Hilfe verschiedener

Dokumente, aus denen er ausführlich zitierte, die ,,These der Defätisten zurück, nach der die Deutschen Italien nicht die erforderliche Hilfe gewährt haben sollen". Aber er ging mit keinem Wort auf die kürzliche Begegnung in Feltre oder die Wahrscheinlichkeit ein, daß die dringend benötigten Rohstoffe in nächster Zukunft geliefert werden würden. Mussolini sprach vage davon, die Zügel anzuziehen, die ,,notwendige Verantwortung" zu übernehmen, die ,,Ablösung von Männern", das ,,Anziehen der Schraube", den ,,Einsatz noch nicht genutzter Kräfte" und die Verlegung des Regierungssitzes in die Po-Ebene. Er erläuterte jedoch nicht, wie diese Maßnahmen angesichts der gegenwärtigen Krise in die Tat umgesetzt werden sollten. In einer so ausgefallenen und irrelevanten Nebenbemerkung, daß Bottai sich fragte, ob er irgendeinen obskuren Scherz zu machen versuchte, behauptete Mussolini auch, er habe vorausgesehen, daß die Engländer die Alamein-Schlacht am 20. Oktober 1942 eröffnen würden, weil er gewußt habe, daß es ihnen darum gegangen sei, den 20. Jahrestag der faschistischen Revolution in der kommenden Woche zu beeinträchtigen.

Nach zwei Stunden kam der Duce endlich zum Schluß seiner ungewöhnlichen Ausführungen. Danach herrschte einige Sekunden lang Schweigen. In dieser unbehaglichen Stille hatte Alfieri den Eindruck, alle registrierten mit Schrecken ihre eigene Enttäuschung. Sie hatten Mussolini noch nie so schlecht, so wenig begeisternd reden gehört. Nach über zwei Jahrzehnten an der Macht war er am Ende.

Ein negativer Höhepunkt folgte dem anderen. Marschall de Bono erhob sich zu einer Rede, in der er die Politiker angriff und die Generalität verteidigte. Er fand Unterstützung bei Cesare de Vecchi, der einige abfällige Bemerkungen über die Deutschen machte, die Roberto Farinacci dazu veranlaßten, sie vehement zu verteidigen. Daraufhin warf Vecchi ihm vor, er habe sich im Ersten Weltkrieg vor dem Militärdienst gedrückt und sich als Held des Abessinienkriegs ausgegeben, nachdem er sich bei einem Angelunfall verletzt habe.

Die Debatte drohte in unwürdige persönliche Auseinandersetzungen abzugleiten, als Bottai aufstand, um die erste vernünftige Rede des Abends zu halten, in der er den Duce unzweideutig kritisierte. Nachdem Bottai wieder Platz genommen hatte, erhob Grandi sich, um seinen Entschließungsentwurf vorzustellen und eine schwungvolle Anklagerede von über einer Stunde Dauer zu halten. „Sie haben Italien eine Diktatur aufgezwungen", rief er leidenschaftlich aus, „die historisch unsterblich ist! Sie haben jahrelang die drei Ministerien für die Teilstreitkräfte in Ihrer Hand vereinigt. Und was haben Sie getan? Sie haben den Elan unserer Streitkräfte zerstört. Sie haben unsere Persönlichkeiten jahrelang in dieser Trauerkleidung erstickt. Sie haben sich seit Jahren unweigerlich für den schlechtesten Mann entschieden, wenn es darum ging, eine Auswahl unter mehreren Kandidaten zu treffen."

Der Duce hörte sich diese erstaunliche, noch nie dagewesene Tirade schweigend an. In verkrampfter Haltung hockte er hinter seinem Tisch, als habe er Schmerzen, preßte gelegentlich die Hände gegen den Bauch oder hielt sich eine Hand über die Augen, um sie vor dem grellen Licht der Kronleuchter zu schützen. Auf seinem blassen Gesicht standen Schweißperlen. Bottai fand, er wirkte völlig niedergeschlagen und verzweifelt, „wie das Gespenst eines Mannes, der bereits jenseits des Lebens steht".

Er schien kaum mehr auf die folgenden Reden zu achten, in denen Ciano die Deutschen verurteilte, während Farinacci sie erneut verteidigte. Er hörte auch kaum zu, als andere Ratsmitglieder ihn halbherzig verteidigten oder sich miteinander stritten, ohne die Tragweite des ihnen vorliegenden Antrags zu erfassen.

Erst nach Mitternacht schlug Mussolini in „leisem, bescheidenem, fast mitleiderregendem Ton" vor, wie Bottai berichtete, die Sitzung zu vertagen. Er klagte darüber, daß er zu krank sei, um sich weitere Vorwürfe anzuhören, während Italien „auf sich allein gestellt der Macht dreier Reiche gegenübersteht".

Aber Grandi kannte kein Erbarmen. Mit dem Hinweis darauf, daß der Duce sich früher nichts dabei gedacht hatte, sie alle bis fünf Uhr wachzuhalten, um mit ihnen verhältnismäßig unwichtige Themen wie das Arbeitsrecht aus dem Jahre 1927 zu diskutieren, bestand er darauf, daß über seinen Entschließungsantrag abgestimmt werde. Er war lediglich mit einer Sitzungspause von zehn Minuten einverstanden.

Mussolini ging in sein Arbeitszimmer, in dem er ohne sonderliches Interesse einige Telegramme überflog und ein Glas Milch trank. Grandi und die anderen fürchteten, er könnte die Gelegenheit nutzen und ihre Verhaftung befehlen. Aber er war zu erschöpft, zu besiegt, um daran zu denken. „Die Arroganz des Diktators hatte der Unterwürfigkeit des Angeklagten Platz gemacht", notierte Bottai.

Alfieri kam herein und sprach davon, daß die Deutschen unter Umständen vielleicht sogar noch jetzt zu größeren Lieferungen bereit seien, aber Mussolini schüttelte den Kopf. Buffarini erschien, um auf die sofortige Festnahme aller Kritiker zu drängen, aber auch er wurde unverrichteterdinge fortgeschickt.

Die Verschnaufpause schien dem Duce jedoch etwas von seiner früheren Energie zurückgegeben zu haben, und nachdem Galbiati sich nachdrücklich für ihn ausgesprochen hatte, stand er auf, um erneut zu sprechen, stieß weitere Drohungen aus und warnte die Anwesenden, daß er genügend Beweise für ihre Korruption in Händen habe, um sie alle an den Galgen zu bringen. „Dich mehr als jeden anderen", fügte er hinzu, wobei er auf Ciano deutete. Dieses Aufflackern seines früheren Kampfgeistes veranlaßte Scorza dazu, sich zu erheben und eine lange, größtenteils unverständliche Rede zur Verteidigung Mussolinis zu halten. Bis er jedoch ausgeredet und versucht hatte, auf die letzten Zwischenrufe einzugehen, war die Sitzung zu einem Chaos ausgeartet. Jeder beschimpfte jeden, wie Bottai berichtete, und Mussolini gab jetzt bekannt, er verfüge über den Schlüssel zur Lösung der militärischen Probleme: eine Geheimwaffe, die den Krieg beenden könne. Wenn sie ihn entließen, würden sie das Geheimnis, den Krieg und noch dazu ihre Köpfe verlieren.

Um Viertel nach zwei wurde endlich über Grandis Resolution abgestimmt. Von den 28 anwesenden Ratsmitgliedern stimmten 19 für die Annahme. Als dieses Ergebnis bekanntgegeben wurde, sammelte Mussolini seine Unterlagen ein und stand ruckartig auf. „Gruß dem Duce!" rief Scorza pflichtbewußt. Aber Mussolini kam der gemurmelten Antwort zuvor, indem er knurrte: „Das erlasse ich euch." An der Tür blieb er nochmals kurz stehen, um anklagend zu verkünden: „Ihr habt die Krise des Regimes provoziert!“

Am nächsten Morgen kam er jedoch wie üblich ins Büro und arbeitete weiter, als sei nichts passiert. Er las die Morgenpost aufmerksam durch und bestätigte die für diesen Tag vereinbarten Termine, darunter ein Gespräch mit dem japanischen Botschafter.

„Das Verhalten meines Vaters zu diesem Zeitpunkt war völlig unverständlich“, stellte Gräfin Ciano fest. „Er wußte bereits etwa fünfzehn Tage vor dem Staatsstreich, daß dieser geplant war, aber er nahm ihn keineswegs ernst. Er hielt es für ausreichend, lediglich ein paar Minister auszuwechseln.“

Seine hellhörige und mißtrauische Frau hatte ihn gedrängt, alle bekannten Gegner noch vor der Ratssitzung verhaften zu lassen, aber Mussolini hatte sich nicht dazu geäußert. „Na“, hatte sie ihn gefragt, als er in die Villa Torlonia zurückgekommen war, wo sie ihm in den Garten entgegengelaufen war, „du hast sie wohl alle festsetzen lassen, nehme ich an?“

„Nein“, hatte er geantwortet, „aber ich tu's noch.“

Trotzdem hatte er keinen Versuch unternommen, seinen Vorsatz in die Tat umzusetzen. Da er nicht einmal sich selbst und nicht einmal zu diesem späten Zeitpunkt eingestehen wollte, daß ihm die Macht aus den Händen geglitten war, ignorierte er alle Warnungen und lehnte es ab, wie Galbiati und Scorza ihm rieten, alle 19 Mitglieder des Faschistischen Großrats, die gegen ihn gestimmt hatten, festsetzen zu lassen. Als Scorza den Duce anrief, um ihm mitzuteilen, daß einige dieser 19 Männer unterdessen Bedenken hatten, nahm er diese Mitteilung entgegen, als habe er damit gerechnet und sei sich bereits darüber im klaren, wie er gegen die Verräter vorgehen werde. „Zu spät!" antwortete er mit einer jener charakteristisch rätselhaften Drohungen, die einst mit Besorgnis aufgenommen worden waren, aber seither längst alle Wirkung eingebüßt hatten.

Nachmittags war eine Audienz bei König Viktor Emanuel III. vorgesehen. Mussolini begab sich nach Hause, um ein verspätetes leichtes Mittagessen einzunehmen und sich umzuziehen, weil der Stab des Königs für die Audienz Zivilkleidung vorgeschrieben hatte. Das erschien seiner Frau bedrohlich. „Fahr' nicht hin", warnte sie ihn. „Er ist nicht vertrauenswürdig."

Aber Mussolini hatte keine Vorahnung einer drohenden Gefahr. Es war möglich, daß der König den Wunsch äußern würde, ihn als Oberbefehlshaber der Streitkräfte abzulösen, aber wichtigere Entscheidungen waren nicht zu erwarten. Er versicherte Galbiati, er habe Seine Majestät seit über 20 Jahren ein- bis zweimal pro Woche aufgesucht. „Ich habe in allen politischen Fragen und sogar in Privatangelegenheiten seinen Rat eingeholt. Er hat immer unerschütterlich hinter mir gestanden."

Mussolini griff nach seinem schwarzen Filzhut, nahm die Aktentasche mit einigen Papieren mit und stieg in seinen Wagen, der die Via Salaria entlang davonrollte. An diesem drückend heißen Sonntagnachmittag waren die Straßen fast menschenleer; am Morgen hatten die Zeitungen gemeldet, daß Palermo gefallen sei.

Die Limousine hielt vor dem von Säulen getragenen Portal, und der Fahrer sah zu seiner Überraschung den König in der Uniform eines Marschalls von Italien die Treppe herunterkommen. Er hatte noch nie erlebt, daß

Viktor Emanuel III. den Duce auf diese Weise begrüßte, und noch nie so viele *Carabinieri* in unmittelbarer Nähe gesehen. Aber Mussolini wirkte gänzlich unbekümmert.

Er schüttelte wortlos den Kopf, als der König sich nach seinem Befinden erkundigte. Dann betraten die beiden Männer gemeinsam die kühlere Villa. Mussolini erstattete sogleich Bericht über die Sitzung des Faschistischen Großrats und tat seine Abstimmungsniederlage als belanglos ab.

„Mein lieber Duce", antwortete der König, der dabei nach Mussolinis Schilderung „gelb und verschrumpelt aussah, kleiner als je war und ungewöhnlich erregt... in einem stockenden, schmerzlichen Murmeln sprach", „mein lieber Duce, es hat keinen Zweck mehr. Die Lage ist sehr ernst. Italien liegt in Trümmern. Die Armee ist völlig demoralisiert. Die Soldaten wollen nicht weiterkämpfen... Die Abstimmung des Großrats ist endgültig... Sie können sich gewiß keinen Illusionen mehr hingeben, was Italiens jetzige Gefühle Ihnen gegenüber betrifft. In diesem Augenblick sind Sie der bestgehaßte Mann im ganzen Land. Ich bin der einzige Freund, den Sie noch haben. Deshalb versichere ich Ihnen, daß Sie nicht um Ihre persönliche Sicherheit besorgt zu sein brauchen. Ich werde dafür sorgen, daß Sie beschützt werden."

Als der König fortfuhr, er habe Marschall Badoglio zu seinem Nachfolger bestimmt, ließ Mussolini sich plötzlich in einen Sessel fallen. Er war blaß und schien einen Schwächeanfall erlitten zu haben. Viktor Emanuel III. sprach weiter, aber Mussolini unterbrach ihn und murmelte: „Dann ist alles vorbei."

So war es in der Tat. Das Gespräch hatte nur wenige

Minuten gedauert. Der Duce verließ die Villa in Begleitung seines Sekretärs und ging die Treppe hinunter zu seinem Wagen, der inzwischen auf der anderen Seite der Einfahrt stand. Auf halber Treppe kam ihm ein Hauptmann der *Carabinieri* entgegen, grüßte und meldete: „Seine Majestät hat mich mit Ihrem Schutz beauftragt."

Mussolini erhob Einwände, aber der Hauptmann ließ sich nicht umstimmen. „Nein, Exzellenz, Sie müssen mit mir kommen." Er faßte Mussolini am Ellbogen und führte ihn zu einem Krankenwagen, dessen Hecktüren offenstanden. Mussolini stieg in den Wagen, und als die Türen zugeknallt wurden, zog er seinen schwarzen Hut tief ins Gesicht.

Auf den Straßen Roms liefen bereits die Leute zusammen, um sich zu fragen, was passiert sei. Auf einigen Plätzen waren Soldaten mit MGs in Stellung gegangen, aber niemand wußte, weshalb sie alarmiert worden waren. Gerüchte wollten von einem alliierten Luftlandeunternehmen in Süditalien wissen. Dann hieß es, der Duce sei zurückgetreten, er sei nach Deutschland geflogen, er sei einem Attentat zum Opfer gefallen. Daß der Großrat zu einer längeren Sitzung zusammengetreten war, war bekannt, aber seine Beschlüsse waren noch nicht bekanntgegeben worden. Selbst der Rundfunk schwieg. Erst um 22.45 Uhr verlas ein Nachrichtensprecher mit ernster Stimme eine amtliche Verlautbarung: „Seine Majestät der König und Kaiser hat die von Seiner Exzellenz Cavaliere Benito Mussolini angebotene Demission vom Amt des Regierungschefs und Außenministers angenommen und zu seinem Nachfolger als Regierungschef und Außenminister Cavaliere Marschall von Italien Pietro Badoglio ernannt..."

Diese Meldung wurde mit wilder Begeisterung aufgenommen, die selbst die später folgende Erklärung, der Krieg werde weitergeführt, nicht zu dämpfen vermochte. Alle Italiener glaubten, dies sei lediglich eine Formel, ein leeres Versprechen, das der neuen Regierung die Möglichkeit verschaffen sollte, in Friedensverhandlungen einzutreten, ohne von den Deutschen behindert zu werden. Auf den Straßen wurde gejubelt, der Krieg sei zu Ende, Mussolini gestürzt und der Faschismus erledigt.

Der Faschismus war wirklich tot — und er war kampflos eingegangen. Scorza tauchte unter; Galbiati übergab den Oberbefehl über die Faschistische Miliz in aller Stille der Armee; Farinacci flüchtete in die deutsche Botschaft; Manlio Morgagni, Direktor der Nachrichtenagentur Stefani, erschoß sich. Alessandro Pavolini, Chefredakteur der Zeitung *Il Messagero*, deren Redaktion von einem Mob verwüstet wurde, der alle Duce-Porträts aus den Fenstern warf, verschwand spurlos. Host Venturi, der ehemalige Verkehrsminister, machte sich vor Tagesanbruch auf, „um zu sehen, ob die Partei etwas unternommen hatte“. Aber unterdessen herrschte auf den menschenleeren Straßen „überall völlige Ruhe“. Das faschistische Regime hatte bewiesen, daß es ohne Mussolini handlungsunfähig war. Und Mussolini selbst schien von seinem Zusammenbruch unberührt zu bleiben, als habe ihn die Abruptheit, die schreckliche Vollständigkeit seines eigenen Sturzes gelähmt.

Mussolini war in rascher Fahrt in die Kaserne der *Carabinieri* in der Via Quintino Sella gebracht worden. Unterwegs hatte er geschwiegen, aber als der Krankenwagen hielt, stieg er im Hof aus und sah sich mit vorgerecktem

Kinn um, als sei er zu einer Besichtigung hier. Er schien noch nicht erfaßt zu haben, daß er verhaftet worden war. Wie er später zugab, glaubte er noch immer, „dies alles geschehe, wie der König gesagt hatte, zum Schutz meiner Person".

Der Entmachtete wurde ins Offizierskasino gebracht und dort etwa eine Stunde lang sich selbst überlassen, bis er in eine weitere Polizeikaserne in der Via Legnano gefahren wurde. Bei seiner Ankunft sah er so krank aus, daß der Kommandant einen Arzt kommen ließ, der Mussolini „sehr blaß, fast totenähnlich" und mit „sehr langsamem Puls" antraf. Er lehnte die angebotene Mahlzeit ab und verlangte lediglich einen Friseur, der ihn rasieren sollte. Um 23 Uhr machte er das Licht aus und versuchte zu schlafen.

Zwei Stunden später traf ein Heeresgeneral mit einer Nachricht von Marschall Badoglio ein. Das Schreiben versicherte Seiner Exzellenz Cavaliere Benito Mussolini, er befinde sich lediglich zu seiner eigenen Sicherheit in Haft und weil nach zuverlässigen Informationen mehrere ernstliche Anschläge auf sein Leben vorbereitet worden seien; wenn er einen Aufenthaltsort seiner Wahl benennen wolle, werde er mit aller gebührenden Achtung dorthin eskortiert werden.

Nach einigem Zögern diktierte Mussolini seine Antwort: einen ergebenen, fast unterwürfigen Brief, in dem er bat, nach Rocca della Caminate gebracht zu werden, und Badoglio versicherte, er werde, „keinerlei Schwierigkeiten machen", sondern „auf jegliche nur mögliche Weise kooperieren". „Ich gebe meiner ernsten Hoffnung Ausdruck", schloß er, „daß Erfolg die schwere Aufgabe krönen wird, die Marschall Badoglio auf Befehl und im Namen Seiner Majestät des Königs übernimmt, dessen treuer Diener ich 22 Jahre lang gewesen bin und immer sein werde.“

Er bat den General, ihm das Diktierte noch einmal vorzulesen, fügte mit Tintenschrift die Worte *„Viva Italia!“* hinzu und unterschrieb den Brief.

Bis Badoglio diese Antwort erhielt, war jedoch entschieden worden, es sei nicht ratsam, Mussolini die Rückkehr in die Romagna zu gestatten. Der Präfekt von Forli drängte darauf, ihn anderswo unterzubringen, denn er könne nicht dafür garantieren, daß der entmachtete Diktator nicht gelyncht werde, so stark sei der Haß auf ihn in der Bevölkerung. Deshalb wurde angeordnet, der Chef des Marinenachrichtendienstes, Admiral Franco Maugeri, sollte Mussolini heimlich auf die kleine Insel Ponza bringen.

Am Abend des 27. Juli 1943 verließ ein Wagen mit Mussolini die *Carabinieri*-Kaserne. Der Gestürzte wußte nichts davon, daß der ursprüngliche Plan geändert worden war, und rechnete damit, daß die Fahrt auf der Via Flaminia nach Norden gehen würde. Durch einen Spalt in den geschlossenen Vorhängen sah er jedoch, daß er nach Süden in Richtung Via Appia und Albano gefahren wurde.

„Wohin fahren wir?“ fragte er. „Nach Süden“, antwortete der ihn begleitende Polizeibeamte.

„Nicht nach Rocca della Caminate?“

„Der Befehl ist geändert worden.“

Als der Wagen in Gaeta hielt, empfand Mussolini melancholischen Stolz bei dem Gedanken, daß Papst Pius IX. sich 1848 dorthin geflüchtet hatte und daß Mazzini 1870 dort interniert gewesen war. Er begann sogar zu hoffen, er werde „in die selbe Zelle wie der große Held unseres *Risorgimento*“ gesperrt werden, aber diese Illusion verflüchtigte sich bald. Mussolini wurde auf die Insel Ponza gebracht und teilte sich dort sein Exil mit dem ehemaligen sozialistischen Abgeordneten Tito Zaniboni, der 1925 wegen eines Attentatsversuchs auf den Duce festgenommen worden war, und Pietro Nenni, mit dem er einst in Forli im Gefängnis gesessen hatte. Das alleinstehende, düster wirkende Haus, das für seine Aufnahme vorbereitet war, hatte früher den abessinischen Patrioten Ras Imeru beherbergt, der ebenfalls auf Ponza interniert gewesen war.

Mussolini betrat es in sehr deprimierter Stimmung. Sein Zimmer war eben erst frisch gestrichen worden. Die gesamte Einrichtung bestand aus einem eisernen Bettgestell, einem schmutzigen Holztisch aus einem Weinladen und einem Sessel, aus dessen Sitzfläche die Polsterung quoll. In einer Ecke des Zimmers befand sich ein billiges Waschbecken. Mussolini spürte, daß seine Verzweiflung ihn übermannte. „Mir reicht's jetzt!“ sagte er plötzlich, ballte die Hände zu Fäusten und drehte sich nach dem Fenster um. Dann ließ er sich in den Sessel fallen und verbarg das Gesicht in den Händen.

Ein Wachtmeister der auf Ponza stationierten *Carabinieri*, der diese Szene verlegen beobachtet hatte, betrat den Raum und hob die Hand zum Faschistengruß. Er blieb nervös stehen und versuchte etwas zu sagen, aber die Worte blieben ihm im Hals stecken. „Wir haben nicht gewußt, daß Sie nach Ponza kommen würden, Exzellenz. Ich bin erst vor einer knappen halben Stunde benachrichtigt worden.“

„Machen Sie sich deswegen keine Sorgen."

„Ich habe mir früher so oft gewünscht, mit Ihnen zusammenzukommen und Ihnen Verschiedenes sagen zu können."

„Und jetzt ist's zu spät dafür."

Mussolini blieb zehn Tage auf der Insel, sprach mit dem Polizeiwachtmeister, dem Pfarrer, dem Arzt und jedem anderen, der ihn besuchen durfte, rechtfertigte seine Vergangenheit und verurteilte die „elende Verschwörung", durch die er gestürzt worden war. In seinen Mußestunden beschäftigte er sich damit, Carduccis *Odi barbare* ins Deutsche zu übersetzen und Giuseppe Recciottis *Leben Christi* zu lesen, in dem er „überraschende" Parallelen zwischen dem Los Christi und seinem eigenen entdeckte. Am 29. Juli, seinem Geburtstag, durfte er ein Schreiben Görings erhalten, der ihn seiner „brüderlichen Freundschaft" und „vollständigen Solidarität" versicherte. Zwei Tage später schrieb Mussolini seiner Schwester, um ihr mitzuteilen, er wünsche „kein feierliches Begräbnis oder letzte Ehren irgendwelcher Art". „Ich glaube", fuhr er fort, „daß ich die Erlaubnis erhalten werde, nach Rocca zurückzukehren, sobald der Zorn meiner Landsleute in der Romagna sich gelegt hat, um dort in Frieden mein Lebensende zu erwarten, das hoffentlich bald kommen wird."

Am 6. August 1943 hielt die Regierung Badoglio es für besser, Mussolini an einen anderen Ort bringen zu lassen, weil befürchtet werden mußte, daß die Deutschen einen Befreiungsversuch unternehmen würden. Admiral Maugeri erhielt den Auftrag, ihn auf die Insel La Maddalena, einen Marinestützpunkt vor Sardinien, zu bringen, wo er besser abgeschirmt und bewacht werden konnte. Dort verstärkten sich Mussolinis Depressionen. La Maddalena war eine kahle, einsame Insel, deren Zivilbevölkerung nach schweren Luftangriffen zum größten Teil evakuiert worden war. Er fand die Atmosphäre „bedrohlich und feindselig“ und ärgerte sich besonders darüber, daß der Kommandant des Marinestützpunkts ein Offizier war, den er vor ein Kriegsgericht hatte stellen lassen, nachdem er drei Schiffe verloren hatte, ohne die englischen Kreuzer, von denen sie angegriffen worden waren, auch nur zu beschädigen. Dieser Offizier war, wie Mussolini zu seinem noch größeren Ärger feststellen mußte, mit einer Engländerin verheiratet. Außerdem hatte die Villa, in der Mussolini untergebracht war, früher einem Engländer gehört. Weshalb sollte ein Engländer an einer so wenig attraktiven Insel wie La Maddalena Gefallen finden? fragte er sich und wußte auch gleich eine Antwort: „Der Secret Service? Möglicherweise.“

Die drei Wochen, die er auf La Maddalena verbrachte, waren noch schlimmer als die Zeit seines Aufenthalts auf Ponza. Es war unerträglich heiß und windstill. „Alles schien von der Sonne festgenagelt zu sein.“ Mussolini verließ die Villa des Engländers nur selten und verbrachte einen großen Teil seiner Zeit damit, ein Tagebuch mit Notizen „philosophischer, politischer und literarischer Art“ zu füllen und Nietzsches Werke zu lesen, die Hitler ihm in einer 24bändigen Ausgabe mit einem Begleitschreiben Feldmarschall Kesselrings hatte übermitteln lassen: „Der Führer würde sich glücklich schätzen, wenn dieses große Werk deutscher Literatur Ihnen etwas Vergnügen bereitet, Duce, und wenn Sie es als Ausdruck der besonderen Zuneigung des Führers betrachten.“

Dem Führer war es bisher nicht gelungen, Mussolinis Aufenthaltsort festzustellen. Er hatte Hans-Georg von Mackensen, den deutschen Botschafter in Rom, angewiesen, bei Viktor Emanuel III. vorstellig zu werden und um Besuchserlaubnis zu bitten. Badoglio hatte jedoch bedauert, er sei „im persönlichen Interesse Seiner Exzellenz Mussolini außerstande, dem beabsichtigten Besuch zuzustimmen". Und weil zu befürchten war, daß Mussolini auf La Maddalena entdeckt werden könnte, würde er nochmals verlegt: zurück aufs Festland, ins Berghotel L'Albergo Campo Imperatore in 2212 Meter Höhe auf dem Gran Sasso. „Ah!" rief Mussolini kindlich befriedigt aus, als er es erreichte. „Ah! Das höchste Gefängnis der Welt!"

Seine persönliche Tragödie schien ihn weit mehr zu interessieren als das Schicksal seines Landes. Indem er sein Los mit dem Napoleons, Cäsars und Christi verglich, stellte er die ihm allein wichtig erscheinende Frage: „Welches Urteil wird die Geschichte über mich fällen?"

„Er wirkte weder bekümmert noch gedemütigt", erinnerte sich die Hoteldirektorin, „nur manchmal, wenn er sich beobachtet sah, gab er seinem Gesicht einen bewußt nachdenklichen Ausdruck... Er verbrachte seine Zeit nicht lesend oder schreibend... Er war oft am Fenster zu sehen, von dem aus er den majestätischen Gran Sasso mit einem Feldstecher betrachtete, oder saß auf einer niedrigen Mauer zum Hof und blickte geistesabwesend in die Ferne — wie der bekannte Öldruck von Napoleon auf St. Helena."

Mussolini interessierte sich nicht einmal sonderlich für Rundfunkmeldungen über den jetzt von ihm als „Scheinkrieg" bezeichnete Auseinandersetzung. Er hörte von schweren Luftangriffen und hohen Verlusten; er erfuhr von der Eroberung Siziliens, der Besetzung Italiens durch deutsche Truppen, der Kapitulation und dem Waffenstillstand, von der Flucht Viktor Emanuels III. und der Regierung Badoglio von Rom nach Brindisi. Aber er hörte zu, als bedeuteten ihm diese Ereignisse nichts, weil sie ihn nicht persönlich betrafen — bis eine Berliner Nachrichtensendung eine von Radio Algier verbreitete Meldung wiederholte, aus der hervorging, daß amtlich bekanntgegeben worden sei, zu den Bedingungen für den Waffenstillstand gehöre die Auslieferung Mussolinis an die Alliierten.

Wie einer der Bewacher schilderte, ließ Mussolini ihm nach dieser Meldung in den frühen Morgenstunden mitteilen, er werde „solch eine Demütigung niemals hinnehmen“, und bat ihn um seinen Revolver. Als der Wachtposten daraufhin in Mussolinis Zimmer stürzte, traf er ihn auf dem Bett sitzend an, wo er „unbeholfen mit einer Gilette-Rasierklinge hantierte, als versuche er, sich die Pulsadern aufzuschneiden.“

Der Wachtposten nahm Mussolini die Rasierklinge ab und entfernte sie mit allen sonstigen Gegenständen, die als Selbstmordwaffe hätten dienen können, aus seinem Zimmer. Dann versicherte er Mussolini, er werde niemals einen Italiener den Engländern ausliefern, und brach in Tränen aus. Er verschwieg dem Gefangenen, daß er Schlimmeres befürchtete, als Mussolini den Engländern ausliefern zu müssen: Er fürchtete, den wichtigsten seiner Befehle ausführen zu müssen. „Die Deutschen“, war ihm befohlen worden, „dürfen Mussolini nicht lebend in die Hände bekommen.“

Genau das hatten die Deutschen vor. Durchführen sollte diesen scheinbar unmöglichen Auftrag SS-Hauptsturmführer Otto Skorzeny, der Kommandeur des „Sonderverbandes z.b.V. Friedenthal" der Waffen-SS. Als Skorzeny seinen Einsatzbefehl erhielt, wußte er nicht einmal, wo Mussolini im Augenblick gefangengehalten wurde — und erst recht nicht, wie er Hitlers Befehl, seinen Freund und „treuen Waffengefährten" zu befreien, ausführen sollte. Bis Skorzeny den Entmachteten auf Ponza aufgespürt hatte, war Mussolini nach La Maddalena verlegt worden; bis ein Unternehmen zu seiner Befreiung vorbereitet war, befand er sich bereits auf dem Gran Sasso. Die Befreiung Mussolinis auf dem Gran Sasso sollte sich als weit schwieriger als eine Entführung von einer Insel erweisen: Seine Befreier würden mit Lastenseglern auf dem Steilhang hinter dem Hotel landen und Mussolini vom Flugplatz Aquila aus, der zuvor von deutschen Fallschirmjägern erobert werden mußte, mit einer Heinkel nach Deutschland bringen müssen.

Als Skorzeny am 12. September 1943 zu seinem gefährlichen Unternehmen startete, schienen die Erfolgsaussichten gering zu sein; sie verringerten sich weiter, als es seinem Funker nicht gelang, Verbindung mit der Luftwaffe aufzunehmen, um die Heinkel aus Rom heranzuholen, und die Reservemaschine, ein Fieseler Storch, die im Tal unterhalb des Berghotels hätte bereitstehen sollen, bei der Landung so beschädigt wurde, daß sie ausfiel. Das bedeutete, daß Mussolinis Abtransport mit dem zweiten Fieseler Storch erfolgen mußte, der in der Nähe des Hotels landen sollte, falls andere Mittel versagten. Zuvor mußte Mussolini jedoch lebend aus den Händen seiner italienischen Bewacher befreit werden.

Um dieses Ziel zu erreichen, hatte Skorzeny sich die Unterstützung des italienischen Generals Fernando Soleti gesichert, der sofort nach der Landung auf die verblüfften *Carabinieri* zurannte und „Nicht schießen! Nicht schießen!" rief. Als Skorzenys Männer mit Maschinenpistolen im Anschlag das Hotel stürmten, gingen die Italiener in Deckung, ohne an Gegenwehr zu denken, so daß Skorzeny im ersten Raum, den er betrat, einen Funker von seinem Stuhl stoßen und das Funkgerät zertrümmern konnte. Wenig später stand er Mussolini gegenüber, dem er in strammer Haltung meldete: „Duce, der Führer hat mir den Befehl gegeben, Sie zu befreien!"

Mussolini breitete die Arme aus und umarmte Skorzeny, bevor er ähnlich theatralisch erklärte: „Ich wußte, daß mein Freund Adolf Hitler mich nicht im Stich lassen wird!"

Er stieg die Treppe hinab und trat mit seinen Befreiern an die frische Luft: ein blasser, alt und kränklich wirkender Mann, der einen schäbigen Anzug, einen schwarzen breitkrempigen Hut und einen viel zu großen Wintermantel trug. Zum Entsetzen des Piloten bestand der große, kräftige Skorzeny darauf, ebenfalls in den Fieseler Storch zu klettern und mit Mussolini zum Flugplatz Pratica di Mare zu fliegen. Der Pilot bezweifelte, daß der Start auch nur mit einem Passagier gelingen würde — von zwei Fluggästen ganz zu schweigen — , und Mussolini teilte seine Bedenken, obwohl er zu stolz war, um darüber zu sprechen.

Die deutschen Soldaten standen gemeinsam mit den entwaffneten *Carabinieri* zu beiden Seiten des Weges vom Hotel zum Flugzeug, grüßten mit erhobener rechter Hand und riefen: „Duce! Duce! Duce!" Skorzeny fiel auf, daß er kurz zögerte, bevor er in die Maschine kletterte; er schwieg jedoch. Mussolini gab auch keinen Laut von sich, als der Fieseler Storch mit scheinbar am Boden klebenden Rädern über das Hochplateau rumpelte.

Das Flugzeug kam kurz vom Boden ab, sackte durch, prallte gegen einen Felsbrocken und segelte über den Abgrund hinaus. Es stürzte in der dünnen Luft steil in die Tiefe, und während der Fahrtwind Mussolini umtoste, empfand er, wie er später einem Schweizer Journalisten eingestand, „einen Augenblick wirklichen Entsetzens". Schließlich konnte der Pilot, Hauptmann Heinrich Gerlach, die Maschine jedoch abfangen und mit seinen beiden Passagieren in knapp 30 Meter Höhe über Grund in Richtung Avezzano davonfliegen.

Auf dem Flugplatz Pratica di Mare stieg Mussolini in eine Heinkel um, die ihn nach Wien brachte, wo Hitler ihn am Telefon zu seiner Befreiung beglückwunschte. Aber Mussolini hatte nicht die Kraft zu einem längeren Gespräch. „Ich bin müde", sagte er, „sehr müde. Und ich möchte mich ausruhen."

Das war alles, wozu Mussolini nach Goebbels' Ansicht jetzt noch imstande war. Er wußte, daß Hitler den Italiener wieder an die Macht bringen wollte, weil er fürchtete, der Niedergang des Faschismus könnte als Vorbote des Zusammenbruchs des Nationalsozialismus betrachtet werden. Goebbels hätte jedoch ein Italien ohne Mussolini bevorzugt — ein Italien, in dem die Deutschen tun und lassen konnten, was ihnen beliebte. Dieses Bewußtsein, daß Italien sonst von den Deutschen besetzt und regiert werden würde, trug entscheidend mit dazu bei, daß Mussolini auf Hitlers Vorschlag einging, in Norditalien eine vom

Mussolini im Winter 1944/45 im Hauptquartier seiner „Republik von Salò“, ein resignierter, gealterter Entmachteter

Das Schlafzimmer des Bauernhauses in Bonzanigo, letzte Zuflucht von Mussolini und Clara Petacci

Am Tor der Villa Belmonte in Bonzanigo wurden Mussolini und Clara Petacci erschossen

Die Leichname von Mussolini und seiner Geliebten Petacci zusammen mit denen anderer in Dongo erschossener Faschisten

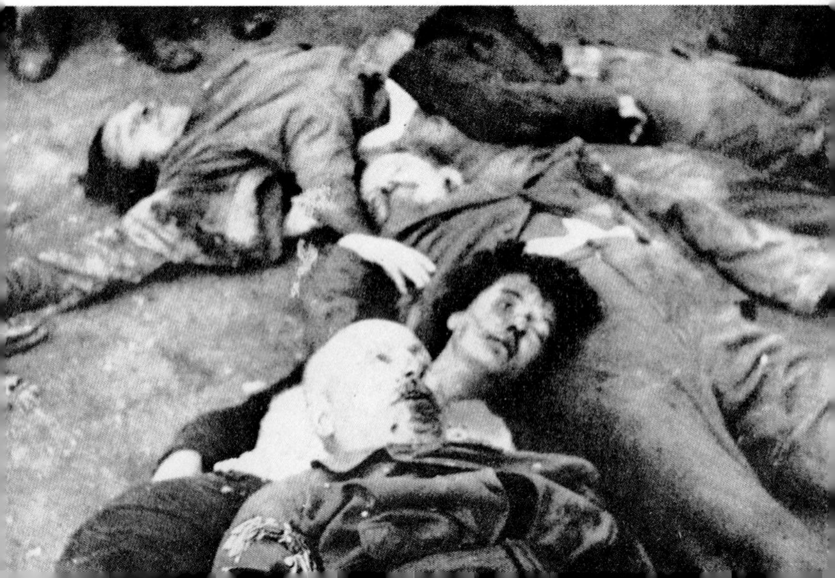

An einer Tankstelle in Mailand wurden die Leichname des Duce und seiner Geliebten an den Füßen aufgehängt – Ausdruck des Hasses der Bevölkerung

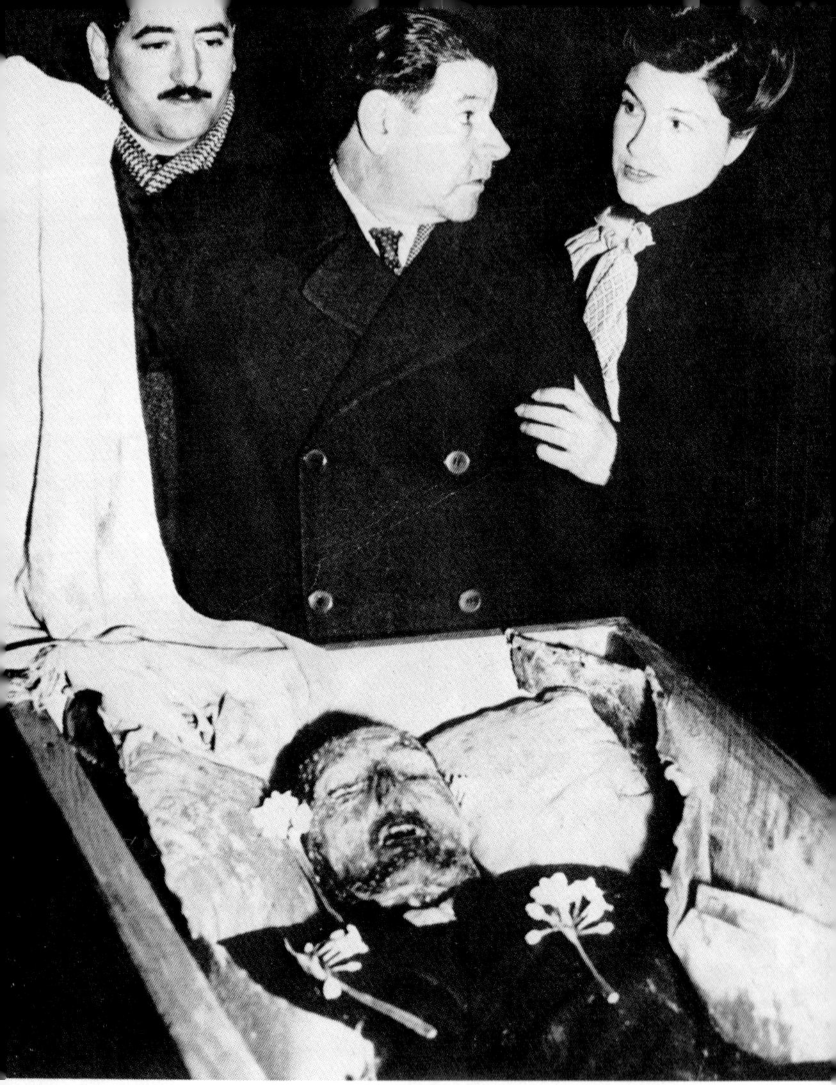

Seit 1946 in einem Kloster versteckt, wurden die sterblichen Überreste Mussolinis am 30. 8. 1957 seiner Witwe Donna Rachele übergeben, die sie im Geburtsort Predappio bei Mailand beisetzen ließ

Haus Savoyen gänzlich unabhängige neue faschistische Regierung zu bilden.

Mussolinis lauwarme Reaktion auf den deutschen Plan sowie sein offenkundiger Wunsch, sich ins Privatleben zurückzuziehen und die Verräter unbestraft zu lassen, enttäuschten Hitler und Goebbels. „Der Duce hat aus der Katastrophe Italiens nicht die moralischen Konsequenzen gezogen, die der Führer sich eigentlich davon erwartet hatte...", schrieb Goebbels in sein Tagebuch. „Der Führer hatte nun geglaubt, der Duce würde als erstes ein großangelegtes Strafgericht an seinen Verrätern abhalten. Das ist aber in keiner Weise der Fall, und darin zeigt sich eigentlich seine Begrenztheit. Er ist kein Revolutionär etwa im Sinne des Führers oder im Sinne Stalins. Er ist doch in seinem italienischen Volkstum so gebunden, daß ihm der große Zug zum weltweiten Revolutionär und Umwälzer fehlt." Nach Goebbels' Überzeugung war er außerstande, ein großes Comeback zu inszenieren, und der alte Hindenburg habe zweifellos recht gehabt, als er bemerkt habe, selbst Mussolini werde aus Italienern nichts anderes als Italiener machen können. Goebbels beglückwünschte sich dazu, daß er Mussolini niemals so sehr bewundert hatte wie der Führer, lehnte sich in seinen Sessel zurück und stimmte ironisch den Ruf der Faschisten an: „Duce! Duce! Duce!!

Hinrichtung

Mussolini, der sich bereits für eine geschichtliche Gestalt hielt, hätte die Führung der wiederbelebten Faschistischen Partei gern einem anderen übertragen, aber Hitler war mit keinem anderen Italiener einverstanden. Als Männer wie der germanophile Roberto Farinacci, der antisemitische Giovanni Preziosi und der fanatische Alessandro Pavolini vorgeschlagen wurden, wollte der Führer sie nicht einmal in Erwägung ziehen. Sie alle waren nach Mussolinis Verhaftung nach Deutschland geflüchtet, anstatt eine Gegenrevolution zu organisieren und den König dazu zu zwingen, den Oberbefehl über die Streitkräfte den Deutschen zu übergeben.

„Mit diesen Italienern ist nichts anzufangen!" rief Hitler aufgebracht aus und wollte danach nichts mehr mit ihnen zu tun haben. Mussolini dagegen war trotz seines körperlichen und moralischen Verfalls unentbehrlich. Er mußte an die Spitze der neuen Republik treten, deren Regierungssitz sich jedoch nicht in Rom, das vermutlich bald von den Alliierten erobert werden würde, sondern in Salò am Gardasee befand.

Diese *Repubblica Sociale Italiana* wurde dann am 17. September 1943 mit sechs Tagesbefehlen ausgerufen, von denen der erste dem Duce wieder „die oberste Führung des Faschismus in Italien" übertrug. Andere Befehle ließen die Faschistische Partei als *Partito Fascista Repubblicano* auferstehen, begründeten die Faschistische Miliz neu, bestätigten das Bündnis mit Deutschland und verkündeten die Entschlossenheit der Partei, mit den Verrätern des 25. Juli abzurechnen.

Sämtliche Mitglieder der neuen Regierung, der die beiden Extremisten Farinacci und Preziosi allerdings nicht angehörten, akzeptierten die Tatsache, daß die Verräter zur Rechenschaft gezogen werden mußten — ein Kurs, für den Mussolini sich offenbar entschieden hatte. Bei der Erwähnung ihrer Namen wurde seine Miene starr und unbeugsam; trotzdem fragten seine Mitarbeiter sich unwillkürlich, was er in solchen Augenblicken wirklich dachte.

Manche glaubten, er versuche hinter diesem marmorstarren Ausdruck, der mitleid- und leidenschaftlos zugleich war, seine Beschämung über sein rasches Nachgeben gegenüber den deutschen Forderungen oder sein Mitgefühl für seine Tochter und ihre Kinder zu verbergen, denn Ciano gehörte selbstverständlich mit zu den Schuldigen, die mit der Höchststrafe zu rechnen hatten. Andere vermuteten, er bemühe sich, seinen früheren Ruf zurückzugewinnen, er sei streng, aber gerecht und unparteiisch. Graf Serafino Mazzolini, seinem Staatssekeretär im Außenministerium (die Zuständigkeit für das bißchen unabhängige Außenpolitik, das die Republik noch würde machen dürfen, hatte Mussolini sich selbst vorbehalten), erklärte er, die Prozesse seien allein aus Gründen der Staatsräson notwendig. Dem Journalisten Ivanoe Fossani gegenüber wurde er deutlicher: „Es ist notwendig, wieder Vertrauen zu dem Bündnis mit Deutschland zu schaffen."

Mussolini wies jedenfalls alle Bitten seiner Angehörigen sowie von Freunden der Beschuldigten, die Verräter nicht aburteilen zu lassen, energisch zurück. Als seine Tochter ihn aufsuchte und beinahe hysterisch wurde, forderte er sie auf, sich „nicht so aufzuregen". Ribbentrop hatte ihm genügend Beweise für die Perfidie ihres Ehemannes vorgelegt — „vor allem in bezug auf die Engländer". Deshalb kam eine Begnadigung auf keinen Fall in Frage. Die Interessen Roms gingen allen anderen vor, erklärte er Edda, die in Tränen ausbrach, nachdem sie leidenschaftlich an ihn als ihren Vater und den Großvater ihrer Kinder appelliert hatte. „Römische Väter haben nie gezögert, ihre Söhne zu opfern. Hier gibt's weder Vater noch Großvater. Hier gibt's nur den Duce des Faschismus."

So begann der Prozeß im Januar 1944 in Verona, und Mussolini machte keinen Versuch, auf die Verhandlungsführung Einfluß zu nehmen, sondern wies den Gerichtspräsidenten lediglich an, das Verfahren „ohne Rücksicht auf irgend jemand, wer er auch sein mag, durchzuführen."

Außer Ciano saßen nur fünf der Beschuldigten auf der Anklagebank: de Bono, Cianetti, Marinelli, Gottardi und Pareschi. Die restlichen 13 Männer, darunter auch ihr Rädelsführer Grandi, der nach Spanien geflogen war, hatten ins Ausland fliehen können oder hielten sich in Italien versteckt. Mit Ausnahme Cianettis, der seine im Großrat abgegebene Jastimme am nächsten Morgen in einem Anfall von Reumütigkeit zurückgezogen hatte, wurden alle Angeklagten zum Tode verurteilt. Als die Hinrichtung bevorstand, wurde vermutet, zumindest de Bono, der ältliche Marschall, der beim Marsch auf Rom sein Ansehen in die Waagschale geworfen hatte, werde begnadigt werden, aber von Mussolini kam kein entsprechender Befehl. Die fünf Verurteilten wurden an nebeneinander aufgestellte Stühle gefesselt und von hinten erschossen.

Mussolini nahm die Nachricht von ihrer Hinrichtung schweigend auf und bemerkte lediglich, er sei froh, daß sie wie tapfere Italiener und Faschisten gestorben seien. Aber bevor er an diesem Tag ins Büro fuhr, ohne gefrühstückt zu haben, sah seine Frau, daß er „Tränen der Verzweiflung weinte". „Das wird uns die Anhängerschaft des italienischen Volkes kosten", vertraute er seinem Privatsekretär Giovanni Dolfin an. „Es wird meine Qualen nie verstehen."

Am nächsten Tag war seine Stimmung jedoch erneut umgeschlagen. „Nachdem wir jetzt angefangen haben, Köpfe rollen zu lassen", erklärte er einem seiner Minister grimmig, „bringen wir die Sache auch zu Ende." Mussolini übergab seinem Polizeichef eine Liste mit den Namen unzuverlässiger Faschisten, die sofort verhaftet werden sollten. Dieser Befehl war jedoch kaum erteilt, als er bereits zurückgezogen wurde: Der Duce hatte es sich anders überlegt.

Solche plötzlichen Kehrtwendungen und Stimmungswechsel waren unterdessen so häufig geworden, daß sein Stab im allgemeinen mindestens einen Tag wartete, bevor er einen erteilten Befehl ausführte. Froher Erregung folgte dumpfe Niedergeschlagenheit; Perioden energischer Betriebsamkeit wechselten mit Unsicherheit und Entschlußlosigkeit ab; plötzliche Wutausbrüche flauten ebenso rasch wieder ab und machten stiller Trauer und Sanftmütigkeit Platz. Farinacci versicherte Ribbentrop, Mussolini befinde sich „offenkundig im tertiären Stadium" einer Syphilis. Aber Professor Georg Zachariä, der deutsche Arzt, der den Duce auf Hitlers Drängen nach Italien begleitet hatte, hatte sein Blut sorgfältig untersucht und keine Spur einer Geschlechtskrankheit entdeckt. Der Professor schilderte den Zustand seines Patienten jedoch als keineswegs zufriedenstellend. Mussolini litt an nervöser Erschöpfung, Schlaflosigkeit und Appetitmangel. ,,Er ißt sehr wenig", berichtete Zachariä nach Berlin. ,,Seine Magenkrämpfe lassen ihn nicht schlafen. Er hat einen sehr niedrigen Blutdruck und trockene Haut; sein Unterleib ist sehr eingefallen, seine Leber vergrößert."

Mussolini arbeitete jeden Tag lange in der Villa Feltrinelli in Gargnano, einige Kilometer nördlich von Saló. Eingeweihte vermuteten jedoch, daß er sich in die Arbeit flüchtete, um Menschen zu entgehen: seinen Schwiegertöchtern, die ihn aufregten, seinen Enkeln, die ihn mit ihren lärmenden Spielen störten, und seiner Frau, die ihn auszankte, weil Claretta Petacci in einer Wohnung in der nahegelegenen Villa Vittoriale entdeckt worden war. Aber in seinem Büro leistete er wenig Produktives, sondern verbrachte viele Stunden damit, Zeitungsmeldungen zu lesen, auszuschneiden, einzuordnen und mit Randbemerkungen zu versehen, Artikel zu schreiben, ausufernde Gespräche mit Ministern, Journalisten und allen sonstigen Besuchern zu führen und sich Problemen zu widmen, die seine Mitarbeiter für gänzlich unwichtig oder sogar irrelevant hielten. Dazu gehörten beispielsweise die Beschäftigung mit der Möglichkeit, Landwirtschaftskollektive einzuführen, das geistige Gerüst für einen Wohlfahrtsstaat, die Einführung der sozialistischen Prinzipien seiner Jugend in den Faschismus, die Erringung der Anerkennung seines Regimes durch den Papst und die Errichtung von Heilstätten für verarmte Tuberkulosekranke.

Alle diese plötzlichen Enthusiasmen platzten bald wieder wie schillernde Seifenblasen; er war dann so resigniert, niedergeschlagen und introvertiert wie zuvor und verwies etwaige Besucher an seine Mitarbeiter.

„Mussolini neigt dazu, sich von allen Regierungsgeschäften zurückzuziehen", berichtete ein junger deutscher Offizier aus Salò. „Kommt ein deutscher General mit einem Wunsch zu ihm, sagt er: ‚Oh, sprechen Sie doch mit Graziani', dem Verteidigungsminister. Kommt Leyers oder ein anderer Wirtschaftsfachmann, sagt er: ‚Wenden Sie sich an meinen Wirtschaftsminister, ja?'"

Als ein Besucher, der sich nicht so leicht abwimmeln ließ, darauf bestand, in seinem Fall sei die persönliche Entscheidung des Präsidenten wichtig, antwortete Mussolini, wenn die Entscheidung tatsächlich wichtig sei, könne er sie unmöglich treffen. Dafür seien die Deutschen zuständig; er selbst sei lediglich der Bürgermeister von Gargnano.

Solche Ausbrüche gegen die Deutschen waren häufig. Mussolini beschwerte sich auch darüber, daß er jedesmal, wenn er aus einem Fenster blicke, einen deutschen Helm sehe. SS-Obergruppenführer und General der Waffen-SS Karl Wolff, Höchster SS- und Polizeiführer in Italien, und SS-Standartenführer Eugen Dollmann waren seine „Gefängniswärter". Mussolinis Klagen waren keineswegs ungerechtfertigt. Er wurde von der Waffen-SS scharf bewacht, und Rudolf Rahn, der deutsche Botschafter, gehörte wie Wolff und Dollmann zu seinen ständigen Besuchern. „Er wird phantastisch gut bewacht", erzählte der junge deutsche Offizier. „Ich singe oder pfeife immer, wenn ich durch den Park gehe, weil hinter jedem Baum ein SS-Mann mit einer Pistole steht.

Auch ein paar italienische Schwarzhemden sind da — nur um den Schein zu wahren.“

In dieser Umgebung sprach Mussolini unaufhörlich über seine früheren Triumphe und Erfolge, seine Leistungen für Italien und seine Zeitgenossen — von Roosevelt, den er heftiger denn je verabscheute; Churchill, „diesem halsstarrigen alten Mann“, den er bewunderte; Stalin, den er um seine Macht beneidete, und von der „biologischen Dekadenz“ der französischen Spitzenpolitiker. Er sprach auch von berühmten Toten: Friedrich dem Großen und Napoleon, Garibaldi und Bismarck, Washington und Mazzini. Aber vor allem sprach er über sich selbst. „Er denkt nur an die Geschichte“, sagte Fernando Mezzasoma, sein junger, eifriger Minister für Volkskultur, „und welches Bild sie von ihm zeichnen wird.“

Während einer langweiligen Besprechung in der Parteizentrale stand Mussolini einmal abrupt auf, ging im Zimmer auf und ab, blieb dann mit verschränkten Armen stehen und fragte eindringlich: „Was ist Faschismus? Darauf gibt es nur eine Antwort. Faschismus ist Mussolinismus. Machen wir uns doch nichts vor, die faschistische Doktrin enthält nichts Neues. Der Faschismus ist ein Ergebnis der Krise unserer Zeit.“ Er erläuterte, er habe den Faschismus nicht erfunden, sondern lediglich die den Italienern angeborenen faschistischen Tendenzen genutzt. „Wäre das nicht der Fall gewesen, wären sie mir nicht zwanzig Jahre lang gefolgt. Die Italiener sind ein höchst wankelmütiges Volk. Ich bin davon überzeugt, daß die Historiker und Psychologen sich nach meinem Tode fragen werden, wie ein Mann die Kraft hatte, solch ein Volk so lange zu führen. Selbst wenn ich nichts anderes erreicht hätte, würde dieses Meisterstück genügen, um zu verhindern, daß ich in Vergessenheit gerate. Andere erobern vielleicht mit Feuer und Schwert, aber gewiß nicht mit breiter Zustimmung der Betroffenen, wie ich's getan habe... Wenn Leute uns als ‚die Weißgardisten der Bourgeoisie' bezeichnen, lügen sie schamlos. Ich habe — und das sage ich reinen Gewissens — den Fortschritt der Arbeiterklasse mehr gefördert als jeder andere. Ich habe die Diktatur veredelt. Ich bin in Wirklichkeit gar kein Diktator gewesen, denn meine Macht ist nur der Wille des italienischen Volkes gewesen."

Bei anderen Gelegenheiten zeigte Mussolini sich jedoch weniger davon überzeugt, daß die Geschichte zu einem so schmeichelhaften Urteil über ihn gelangen würde. „Wir haben restlos verloren, ohne Revision einlegen zu können", erklärte er Nicola Bombacci, einem ehemaligen Kommunisten, den er seit 1902 kannte, als die beiden Lehrer in Gualtieri gewesen waren. „Eines Tages wird die Geschichte über uns urteilen und sagen, daß viele Gebäude errichtet und viele Brücken über viele Flüsse gebaut worden sind; aber sie wird zu der Schlußfolgerung gelangen müssen, daß wir in bezug auf das Geistige nur gewöhnliche Schachfiguren in der jüngeren Krise des menschlichen Gewissens gewesen und bis zum Ende Schachfiguren geblieben sind."

„Hitler und ich", bemerkte Mussolini in anderem Zusammenhang, „haben uns wie zwei Verrückte unseren Illusionen hingegeben. Uns bleibt nur eine einzige Hoffnung: einen Mythos zu erschaffen." Wie er jetzt erkannte, war sein Bündnis mit Deutschland von Anfang an eine Katastrophe für ihn und Italien gewesen. „Hitlers Deutschland ist faschistisch gewesen: Massenversammlungen, imposante Paraden, eine heldenhafte Atmosphäre voller Vitalität und Waffenruhm", vertraute er Bombacci an. „Alles das hat mich geblendet. Das gebe ich zu. Ich habe auch das Leben geliebt, das geheimnisvoll und heroisch gewesen ist, die Eroberung, den Ruhm. Ich habe geglaubt, meine Zukunft liege bei der Achse. Ich wollte eine Nation von Künstlern in ein Kriegervolk verwandeln. Ich habe vergessen, als Staatsmann zu handeln, und keine Rücksicht auf das Schicksal von Millionen von Menschen genommen."

Francesco Coppola gegenüber behauptete Mussolini jedoch, in Wirklichkeit gar kein Staatsmann, sondern ein Künstler wie die Menschen zu sein, die er zu bekehren versucht hatte. „Ich bin kein Staatsmann", stellte er fest. „Ich bin eher ein Dichter, eigentlich sogar ein wahnsinniger Dichter."

„Er war nicht mehr der starke Regierungschef, der seinen Ministern Anweisungen gab", berichtete Otto Skorzeny, der ihn im Juni 1944 besuchte. „Er wirkte jetzt mehr wie ein Philosoph und schien sich ganz aus dem politischen Geschäft zurückgezogen zu haben."

Mussolini war zu der Überzeugung gelangt, für ihn gebe es nur noch eine Aufgabe: Italien durch Verhandlungen mit den Alliierten den Weg zum Ausscheiden aus dem Krieg zu öffnen. In seiner Verzweiflung über die hinter den Linien ausgetragenen Kämpfe zwischen Italienern und Italienern, die wachsenden Auseinandersetzungen zwischen Faschisten und Antifaschisten, die in einen Bürgerkrieg auszuarten drohten, sprach er gelegentlich davon, die Faschistische Partei in „*un organismo di tipo esclusivamente militari*", eine ausschließlich militärische Organisation, umzuwandeln. Er wollte alle Männer zwischen 16 und 60, die nicht schon Wehrdienst leisteten, einberufen und mit ihnen bewaffnete Abteilungen von Schwarzhemden bilden, um ,,die öffentliche Ordnung und das friedliche Leben der Bürger vor den Halsabschneidern und den mit dem Feind Zusammenarbeitenden" zu schützen. Aber in seinem Innersten wußte Mussolini, daß es für solche Maßnahmen längst zu spät war und er versuchen mußte, Frieden zu schließen.

Im März 1945 begann er Verhandlungen mit Kardinal Ildefonso Schuster, dem Erzbischof von Mailand, wobei er die vergebliche Hoffnung hegte, selbst noch jetzt wieder eine führende Rolle im Kampf gegen den Bolschewismus spielen zu können. Dem Kardinal wurde jedoch über den Vatikan zu verstehen gegeben, die Alliierten hätten ,,nicht die Absicht, in Verhandlungen einzutreten, sondern bestünden auf bedingungsloser Kapitulation".

So kehrte Mussolini in Gargnano in seine Traumwelt zurück — einsamer, realitätsferner als je zuvor.

,,Mein Stern ist gesunken", erklärte er der Frau des deutschen Presseattachés. ,,Ich bin erledigt. Ich arbeite und mühe mich ab, obwohl ich weiß, daß alles eine Farce ist... Ich bin der Kapitän eines Schiffs im Sturm. Mein Schiff ist zertrümmert, und ich treibe in stürmischer See auf einem Wrackteil. Es ist unmöglich, etwas zu tun oder die Lage zu retten! Niemand hört meine Stimme, und ich ziehe mich ins Schweigen zurück... Der Tod ist zu einem Freund geworden, der mich nicht mehr schreckt. Der Tod ist eine Gabe Gottes für jene, die zuviel erlitten haben... Aber eines Tages wird die Welt wieder auf mich hören."

,,Er lebt von Träumen, in Träumen und durch Träume", stellte Mezzasoma fest. „Er hat jeglichen Kontakt mit der Realität verloren. Er lebt und funktioniert in einer Welt, die er sich selbst erbaut, einer völlig phantastischen Welt. Er lebt außerhalb der Gegenwart. Seine Reaktionen, seine Enthusiasmen und seine Zusammenbrüche haben keinerlei Beziehung zum Leben."

In der realen Welt jenseits der Mauern der Villa Feltrinelli näherte der Krieg in Italien sich seinem Höhepunkt. Nachdem Rom am 4. Juni 1944 gefallen war, waren Pisa und Florenz am 27. Juli und 4. August erobert worden. Regenfälle und die deutsche Apenninstellung hatten den alliierten Vormarsch eine Zeitlang aufgehalten, aber die Polen hatten die Comacchio-Linie am 9. April durchbrochen, neuseeländische Einheiten hatten am 11. April den Rio Santerno überschritten, und die Amerikaner waren durch die Argento-Lücke vorgestoßen und rückten am 19. April auf Bologna vor.

An diesem Tag bereitete Mussolini sich darauf vor, Gargnano zu verlassen und nach Mailand zu fahren, wobei er von deutschen Soldaten unter Befehl von SS-Untersturmführer Fritz Birzer eskortiert werden sollte, der Befehl hatte, den Duce keine Sekunde aus den Augen zu lassen. Die Lage in Gargnano und Salò war seit Tagen äußerst verworren, während Mussolini sich die widersprüchlichen Ratschläge der Deutschen, seiner verschiedenen Minister und sonstiger Berater mit fast apathischer Gleichgültigkeit anhörte.

Manche schlugen vor, in Triest Widerstand bis zum letzten zu leisten; andere sprachen davon, Mailand in ein italienisches Stalingrad zu verwandeln; wieder andere, darunter am lautesten Pavolini, befürworteten einen dramatischen Kampf bis zur letzten Patrone in den Alpen — im Val Tellina nördlich von Bergamo. Mussolini hatte diese hitzigen Debatten offenbar kaum zur Kenntnis genommen; er machte sich anscheinend weniger Gedanken über einen angemessenen Aktionsplan für den Endkampf des faschistischen Italiens als über seine eigene Apotheose.

Als Graziani sich gegen einen letzten Kampf in den Alpen aussprach und Pavolini kritisierte, weil er keinen detaillierteren Plan vorgelegt hatte, sagte Mussolini ruhig und ohne Elan, als gehe ihn diese Sache eigentlich nichts an: „Niemand ist verpflichtet, im Val Tellina zu kämpfen. Das muß jeder für sich selbst entscheiden."

In Mailand, wo Mussolini sein Hauptquartier in der Präfektur einrichtete, war die Lage noch verworrener als in Gargnano. Aber diese fast hysterische Atmosphäre, die so stark an die Entstehungs- und Frühzeit des Faschismus erinnerte, verlieh Mussolini neues Leben und neuen Schwung. Als Botschafter Rahn den Duce am 21. April 1944 aufsuchte, fand er ihn „gelassen und heiter".

Mussolini war davon überzeugt, daß der faschistische Widerstand bis Ende Mai andauern und ihm die Möglichkeit geben würde, eine stabile Regierung zu bilden, die einen zufriedenstellenden Frieden sichern konnte. Einem Journalisten gegenüber sprach er in einem Interview erneut von Geheimwaffen, einer Wende im Kriegsgeschick und einer neuen antimonarchistischen Front mit den Sozialisten. Er überreichte dem Journalisten stolz sein Porträt mit eigenhändiger Widmung und der kühnen Jahreszahl „Jahr XXIII der faschistischen Ära".

Selbst als Meldungen über den feindlichen Vormarsch durch die Po-Ebene eingingen, als bekannt wurde, daß alliierte Truppen Modena und Reggio erobert, Partisanen Genua besetzt und Titos Verbände Fiume genommen hatten, weigerte Mussolini sich, dem Drängen Gutmeinender nachzugeben, er solle ins Ausland fliegen, bevor es zu spät sei.

Buffarini-Guidi, der ehemalige Innenminister der zerfallenden Regierung, plädierte für eine Flucht in die Schweiz; Dr. Zachariä sprach sich für Spanien aus; Francesca Lavagnani, eine frühere Geliebte Mussolinis, schlug ihm vor, nach Südamerika zu fliehen; sein Polizeichef Tamburini dachte sogar an Polynesien. Der Inspekteur der Faschistischen Partei in der Lombardei riet zu einem Rückzug nach Cadenabbia; General Mische von der Republikanischen Armee bestand darauf, der Duce müsse sich nach Sondrio begeben; Clarette Petacci drängte ihn, sie einen Verkehrsunfall fingieren zu lassen, nach dem bekanntgegeben werden konnte, der Duce sei tödlich verunglückt. Aber er wehrte alle diese Vorschläge ungeduldig ab. Statt dessen suchte er verschiedene Schriftstücke zusammen, auf die er großen Wert legte, und erklärte wiederholt, er werde kämpfend im Val Tellina fallen. Seine Karriere war zu Ende, aber er mußte noch einen Mythos schaffen. In einer letzten Rede vor Offizieren, die zu einer Besprechung mit dem Duce nach Mailand geholt worden waren, blitzte noch einmal seine frühere Überzeugungskraft auf, als er von der Unsterblichkeit des Faschismus sprach.

Bevor er Mailand verließ, beschloß Mussolini jedoch, einen letzten Versuch zu machen, sich zu ergeben, „um der Armee weitere Opfer zu ersparen“. Er bat den sozialistischen Journalisten Carlo Silvestri, Verbindung mit dem

Nationalen Befreiungskomitee aufzunehmen und ihm mitzuteilen, daß er bereit sei, die Macht den Partisanen zu übergeben.

Am 25. April, vier Tage nach dem Fall Bolognas, fuhr Mussolini ins erzbischöfliche Palais Kardinal Schusters zu einem Gespräch mit Vertretern des Komitees, an dem später auch Marschall Graziani teilnehmen sollte. Er wirkte niedergeschlagen und „äußerst müde", berichtete Schuster später, „wie ein Willenloser, der teilnahmslos sein Schicksal akzeptiert". Mussolini sprach ohne sonderlichen Nachdruck davon, daß er den Krieg notfalls mit 3000 Schwarzhemden in den Bergen fortsetzen werde.

„Geben Sie sich keinen Illusionen hin, Duce", warnte Schuster ihn. „Ich weiß, daß die Zahl der Schwarzhemden, die Ihnen folgen werden, eher bei dreihundert als bei dreitausend liegt."

Mussolini akzeptierte die Schätzung des Kardinals ohne Einwände. „Vielleicht ein paar mehr, allerdings nicht viele", erwiderte er. „Ich habe keine Illusionen."

Um 18 Uhr trafen die Vertreter des Nationalen Befreiungskomitees ein, und die Verhandlungen über die Kapitulationsbedingungen für die republikanischen Truppen wurden sofort aufgenommen. Die Partisanenführer verlangten die Zusammenziehung aller bewaffneten Faschisten im Dreieck Mailand-Como-Lecco, wo sie die Waffen niederlegen sollten. Obwohl einige wenige von ihnen mit einem Verfahren rechnen mußten, wurde den übrigen eine Art Kriegsgefangenenimmunität zugesichert. Bei der Besprechung der Einzelheiten dieser Verfahren gegen Kriegsverbrecher und andere von den Partisanen gesuchte Faschisten stellte sich heraus, daß die Deutschen bereits seit zwei Monaten mit den Alliierten wegen der Kapitulation der deutschen Truppen in Italien verhandelten. Mussolini, der zum erstenmal von der beabsichtigten deutschen Kapitulation hörte, rief empört aus: „Sie haben mich hintergangen! Sie haben uns wie Sklaven behandelt!“ Die übrigen Delegierten taten ihr Bestes, um ihn zu beschwichtigen, aber er ließ sich nicht beruhigen. Mussolini erbat sich eine Stunde Bedenkzeit, um die Bedingungen des Nationalen Befreiungskomitees prüfen zu können, stürmte zur Präfektur zurück und erklärte mit einer Art grimmiger Befriedigung: „Diesmal werden wir sagen können, daß Deutschland Italien verraten hat.“

In der Präfektur deutete er mit zitterndem Zeigefinger auf die Wandkarte und gab bekannt: „Wir verlassen augenblicklich Mailand mit Ziel Como.“ Mussolini erläuterte nicht, was seine Gefolgsleute in Como tun sollten oder wohin die Fahrt von dort aus gehen würde; in Mailand war er jedoch seines Lebens nicht mehr sicher, wie Carlo Tiengo, der ehemalige faschistische Präfekt von Turin, ihn gewarnt hatte. Alesandro Pertini, der Sekretär der Sozialistischen Partei, hatte ihn im erzbischöflichen Palais gesucht und dabei erklärt, zwei Tage genügten, um einen Volksgerichtshof einzuberufen und nach einem abgekürzten Verfahren das Urteil zu vollstrecken.

Mussolini wurde von allen Seiten mit einander widersprechenden Ratschlägen bombardiert. Buffarini-Guidi drängte ihn erneut, er solle ins Ausland fliegen; auch sein Sohn Vittorio riet ihm zur Flucht und wies darauf hin, daß auf dem Flugplatz Ghedi noch mehrere Maschinen einsatzbereit standen. Carlo Borsani, ein treuer Gefolgsmann, der in Albanien das Augenlicht verloren hatte, bat ihn weinend, Mailand nicht zu verlassen.

Aber Mussolini schien keinen dieser Ratschläge zu hören und schob einen Sekretär beiseite, der ihm wichtige Schriftstücke zur Unterschrift vorlegen wollte. Er holte zwei Aktentaschen mit den Dokumenten, die er in den letzten Tagen so sorgfältig aussortiert hatte, und übergab sie Carradori, einem zuverlässigen Faschisten, dem er zugleich etwas Geld zusteckte. Danach erschien er in der Uniform der Faschistischen Miliz und mit umgehängter Maschinenpistole vor seinem Büro und verkündete seinen letztes Tagesbefehl: „Auf ins Val Tellina!"

Gegen 20 Uhr verließ die Lastwagenkolonne den Hof der Präfektur: vorn mehrere Fahrzeuge mit Schwarzhemden und republikanischen Ministern, dahinter zwei Lkw mit SS-Männern unter Befehl von SS-Untersturmführer Birzer, der sich standhaft weigerte, Mussolini allein losfahren zu lassen, wie dieser es verlangte. In Como hielt Mussolini die Kolonne an und sagte, er werde hier auf die 3000 loyalen Faschisten warten, die Pavolini ihm versprochen habe — obwohl er, wie er Kardinal Schuster gegenüber zugegeben hatte, nicht wirklich mit ihnen rechnete. Sein Zorn war abgekühlt; seine Entschlußfreudigkeit war dahingeschwunden; er war jetzt wieder so bedrückt und schicksalsergeben wie in Mailand bei seiner Ankunft im erzbischöflichen Palais.

Mussolinis Hauptsorge schien jetzt den Dokumenten zu gelten, die er zu einem kleinen Teil Carradori übergeben hatte, während die Masse auf einem Lastwagen von Mailand nach Como unterwegs war. Vermutlich sollten diese Schriftstücke (deren Inhalt sich weder damals noch später feststellen ließ) ihm in einem etwaigen Gerichtsverfahren als Beweismaterial zu seinen Gunsten und gegen die Alliierten, die Deutschen und italienischen Antifaschisten dienen. Als Mussolini erfuhr, daß ein Lkw mit einem Teil des Geldes, des Goldes und der Wertsachen der Republikanischen Regierung und ihrer Ministerien — später als „Dongo-Schatz" bekannt — auf der Fahrt nach Norden von Partisanen erbeutet worden war, nahm er diese Meldung gleichmütig hin. Aber er war verzweifelt, als er hörte, daß der Lastwagen mit seinen Dokumenten ebenfalls eine Beute der Partisanen geworden war.

Während Mussolini auf Pavolini wartete, schrieb er einen Abschiedsbrief an Rachele, teilte ihr mit, er habe das letzte Stadium seines Lebens erreicht, bat sie für alles um Verzeihung, was er ihr unwissentlich angetan hatte, und drängte sie, mit den Kindern über die Schweizer Grenze zu gehen. Als Rachele diesen Brief erhielt, versuchte sie, ihren Mann anzurufen. Sie hatte schon mehrmals versucht, ihn telefonisch zu erreichen, aber die Verbindung war nie zustandegekommen. Diesmal bekam sie ihn an den Apparat — und hatte „ihn noch nie so apathisch gehört". Sie fragte ihn, was er vorhabe, und er antwortete müde: „Ich gehe meinen Schicksalsweg." Dann erklärte er ihr, die meisten seiner Anhänger hätten ihn verlassen. „Ich bin jetzt allein, Rachele", sagte er. „Und mir ist durchaus klar, daß alles zu Ende ist."

Rachele sagte ihm Lebewohl, beschloß dann aber zu versuchen, ihn noch einmal zu sehen. Sie gelangte glücklich nach Como, wo er ihr verschiedene Dokumente aus dem sorgsam bewachten Restbestand seiner Sammlung übergab — darunter auch einige Briefe Winston Churchills. „Wenn sie versuchen, dich am Grenzübertritt zu hindern oder dir etwas anzutun", riet Mussolini ihr, „verlangst du, den Engländern übergeben zu werden."

Einige Stunden später, gegen 3 Uhr, entschied Mussolini, es lohne sich nicht, noch länger auf Pavolinis Männer zu warten, und fuhr nach Menaggio weiter. Von dort aus fuhr die Kolonne weiter in die Berge hinein nach Grandola, etwa 15 Kilometer von der Schweizer Grenze entfernt. Dort machte sie halt, um auf den längst überfälligen Pavolini und die Männer zu warten, die er hoffentlich hatte zusammentrommeln können.

Mussolini zog sich ins Hotel Miravalle zurück, wo er wieder in seinen Unterlagen blätterte, während aus dem Radio gelegentlich Meldungen über den zusammenbrechenden Widerstand entlang der gesamten Front, den Volksaufstand in Norditalien und eine Verordnung kamen, in der es hieß: „Mitglieder der faschistischen Regierung und die Führer des Faschismus, die schuldig sind, verfassungsmäßige Rechte unterdrückt, bürgerliche Freiheiten zerstört, das faschistische Regime aufgebaut, das Geschick des Landes gefährdet und verraten und es in die gegenwärtige Katastrophe geführt haben, sollen mit dem Tode bestraft werden..."

Die noch verbliebenen Gefolgsleute Mussolinis setzten sich nacheinander ab. Graziani meldete sich ab, um sich einem Truppenteil in Mandello anzuschließen; Buffarini-Guidi und Angelo Tarchi, ein weiterer ehemaliger Minister der Regierung in Salò, versuchten in die Schweiz zu fliehen, wurden aber von der Grenzpolizei festgenommen, die sich mit den Partisanen verbündet hatte.

Endlich traf Pavolini mit einem gepanzerten Wagen aus

Como ein. Mussolini wollte wissen, wie viele Männer er mitgebracht habe. Pavolini zögerte.

„Na, sag's schon — wie viele?"

„Zwölf."

Die letzte Hoffnung hatte sich zerschlagen. Mussolini ließ deprimiert zu, daß Birzer veranlaßte, daß sie sich einer etwa 200 Mann starken deutschen Flakabteilung anschlossen, die entlang des Sees nach Norden zurückging, um Innsbruck zu erreichen. Die Überreste der italienischen Kolonne mit Birzer an der Spitze, während Mussolini selbst am Steuer eines Alfa-Romeos saß und Claretta Petacci mit ihrem Bruder Marcello die Nachhut bildeten, schlossen sich den deutschen Lkw an.

„Gibt's hier in der Gegend Partisanen?" rief Mussolini einen neben der Straße marschierenden Mann an. Partisanen gebe es hier überall, lautete seine Auskunft. Kurz nachdem Mussolini diese bedrohlich klingende Antwort erhalten hatte, entschied er sich dafür, seinen Alfo-Romeo stehenzulassen und in Pavolinis gepanzertes Fahrzeug umzusteigen. Er befand sich in diesem Wagen, als die Kolonne durch einen Feuerüberfall zum Stehen gebracht wurde. Die 52. Brigade „Luigi Clerici Garibaldi" der Partisanen hatte die Straße blockiert.

Die Partisanen waren damit einverstanden, die Deutschen durchzulassen, wollten ihnen aber nicht gestatten, Italiener mitzunehmen. Deshalb schlug Birzer vor, Mussolini solle einen deutschen Soldatenmantel anziehen, einen Stahlhelm aufsetzen und einen der Lkw besteigen. Mussolini weigerte sich zunächst, wenn seine restlichen Gefolgsleute und Claretta Petacci nicht auf ähnliche Weise geschützt würden. Bis Birzer jedoch mit einem der deutschen

Lastwagen zurückkam, hatten die anderen Mussolini überredet. Er zog den Uniformmantel an, setzte einen Stahlhelm und seine Sonnenbrille auf, kletterte ins Fahrerhaus des Lkw und sank auf dem Beifahrersitz zusammen. Als er davongefahren wurde, lief Claretta hinter ihm her und versuchte, auf die Ladefläche eines der anderen Lkw zu gelangen. Birzer mußte seine ganze Kraft einsetzen, um sie herunterzuzerren.

In Dongo wurden alle Lastwagen von Partisanen durchsucht, von denen einer, der Holzschuhmacher Giuseppe Negri, glaubte, Mussolini mit einer Decke um die Schultern in einem Fahrerhaus hocken gesehen zu haben. „Kamerad betrunken, Kamerad betrunken", hatten die deutschen Soldaten auf dem Lkw ihm zu erklären versucht. Aber als Negri sich neben ihn gesetzt und die Wolldecke und den hochgeklappten Mantelkragen weggezogen hatte, hatte er das unverwechselbare Gesicht auf den ersten Blick erkannt. Er lief davon, um seine Entdeckung seinem zweifelnden Vorgesetzten Urbano Lazzaro zu melden, der an den Lkw trat und der zusammengesunkenen Gestalt auf die Schulter klopfte. „Kamerad!" sagte er dabei. Als Lazzaro keine Antwort bekam, stieß er den Mann erneut an und sagte diesmal „in scharfem ironischem Ton": „Euer Exzellenz!" Wieder keine Antwort. Nun rief der verärgerte Lazzaro: „Cavaliere Benito Mussolini!" Daraufhin zuckte der Mann zusammen. Der Partisan beugte sich über ihn, nahm ihm den Helm ab und legte den markanten Schädel frei. Dann klappte er den Mantelkragen herunter, nahm der Gestalt die Sonnenbrille ab und sah nun, daß er tatsächlich Mussolini vor sich hatte.

Später schilderte Lazzaro dem jungen Partisanenführer

Graf Pier Luigi Bellini delle Stelle, wie sich die weitere Gefangennahme abspielte: ,,Der Mann, der die Welt erzittern ließ, den ich als junger Mensch verehrt und später verflucht habe, hockt dort zusammengesunken zu meinen Füßen, blaß, fast leblos. Er hält eine Maschinenpistole zwischen den Knien und hat den Kolben unter dem Kinn. Ich nehme sie ihm weg... Ich helfe ihm aufstehen. ,Haben Sie noch weitere Waffen?' frage ich. Er gibt keine Antwort, knöpft jedoch seinen Mantel auf, greift zwischen Gürtel und Hosenbund und zieht einen Revolver heraus... Ich stecke ihn in die Tasche. Wir stehen uns jetzt gegenüber. Ich habe das Gefühl, etwas sagen zu sollen, etwas, worauf er jetzt wartet — mit erhobenem Kopf und geistesabwesenden, blicklosen Augen. Sein Gesicht ist wächsern, und ich erkenne in diesem unbeteiligten Starren keine Angst, nur große Müdigkeit. Mussolini scheint mir aller Willenskraft beraubt, scheint geistig tot zu sein.''

Die Partisanenführer entschieden, der Gefangene müsse sofort aus Dongo weggebracht werden, damit kein Befreiungsversuch unternommen werden könne; deshalb wurde er jetzt nach Germasio in die Grenzpolizeiunterkunft gebracht. Unterdessen goß es in Strömen. Da es merklich kälter geworden war, wurde Mussolini gefragt, ob er den deutschen Soldatenmantel anziehen wolle, den er im Dienstzimmer des Bürgermeisters ausgezogen und zu Boden geschleudert hatte. Aber er antwortete mit plötzlich aufflammendem Zorn, er sei nun dreimal von den Deutschen verraten worden und wolle nie mehr eine ihrer Uniformen sehen. Auf der Fahrt nach Germasio hinauf begann er wie im Fieber zu zittern.

In Dongo hatte Graf Bellini, der Partisanenführer, Clarette Petacci in einem Zimmer des Rathauses vorgefunden. ,,Ich möchte mit ihm sterben", bat sie. ,,Mein Leben bedeutet mir nichts mehr, wenn er tot ist. Ich würde ohnehin sterben, aber langsamer und nach größerem Leiden. Ich verlange nur, mit ihm sterben zu dürfen. Das können Sie mir nicht verweigern."

,,Regen Sie sich bitte nicht so auf", wehrte Graf Bellini ab. ,,Ich schwöre Ihnen, daß ich nicht die Absicht habe, Mussolini zu erschießen. Ich habe Ihnen bereits erklärt, was ich tun werde: ihn den zuständigen Behörden übergeben."

Auf einer Zusammenkunft verschiedener Mitglieder des Nationalen Befreiungskomitees für Norditalien und führender Vertreter des Freiwilligen Freiheitskorps in Mailand war jedoch bereits entschieden worden, daß Mussolini ein anderes, gewaltsameres Schicksal zuteil werden sollte. Und Walter Audisio, ein großer, blasser ehemaliger antifaschistischer Spanienkämpfer, der als ,,Oberst Valerio" bekannt war, hatte den Auftrag erhalten, nach Dongo zu fahren und dafür zu sorgen, daß Mussolini nicht den Behörden übergeben wurde. Die Partisanen in Dongo, die ihre kostbare Beute nicht preisgeben wollten, sträubten sich heftig gegen seine Absicht, aber Audisio wischte ihre Einwände vom Tisch und machte sich mit seinen Begleitern, zu denen der Mitkommunist Michele Moretti gehörte, auf die Suche nach Mussolini, dessen Aufenthaltsort er herausbekommen hatte.

Mussolini war unterdessen aus Germasio in ein kleines Bauernhaus bei Bonzanigo gebracht worden, und Graf Bellini hatte Claretta Petacci gestattet, sich dort zu ihm zu gesellen. ,,Ihre Begegnung war weit davon entfernt, dramatisch zu sein“, erinnerte Bellini sich. „Sie wechselten lediglich einige hastige Worte, als seien sie Fremde.

‚Guten Abend, Exzellenz.‘

‚Guten Abend, Signora.‘ Eine Pause. ‚Warum sind Sie mir gefolgt?‘

‚Weil ich wollte...‘“

Am 28. April 1944 gegen 16 Uhr stürmte „Oberst Valerio“, der einen braunen Regenmantel und einen rot-weiß-grünen Schal trug, ins Schlafzimmer des Bauernhauses bei Bonzanigo und erklärte Mussolini und Claretta Petacci: „Schnell, ich bin gekommen, um Sie zu retten!“

„Was Sie nicht sagen!“ antwortete Mussolini spöttisch.

„Los, los, beeilen Sie sich!“ forderte Valerio sie auf, während er sie fast die Treppe hinunter und auf den Rücksitz des bereitstehenden Wagens stieß. Er hockte auf einem der Kotflügel, während zwei seiner Begleiter auf dem Trittbrett standen.

Der Wagen hielt am Tor der Villa Belmonte. „Oberst Valerio“ befahl den beiden Fahrgästen, sie sollten aussteigen, und „sagte dann sehr rasch einige Worte“, während er mit seiner Maschinenpistole auf sie anlegte. Gianbattista Geminazza, der Fahrer, hatte den Eindruck, er spreche von irgendeinem Befehl, den er erhalten habe, aber er wußte es nicht sicher, denn „alles ging so schnell“.

Mussolini blieb völlig ruhig und teilnahmslos, aber Claretta sprang auf und ab, umarmte Mussolini und kreischte: „Nein! Nein! Das dürft ihr nicht! Das dürft ihr nicht!“

„Lassen Sie ihn los, sonst werden Sie auch erschossen“, forderte „Oberst Valerio“ sie mit „trockener und nervöser“ Stimme auf, wie Geminazza später berichtete.

Dann fiel ein Schuß, und Claretta sackte lautlos zusammen. Mussolini starrte den Schützen an und riß sich mit beiden Händen die Jacke auf.

„Schieß mich in die Brust!" verlangte er. Das waren seine letzten Worte.

Die beiden Leichen wurden in den Wagen gelegt und nach Azzona zurückgefahren, wo sie in einen Möbelwagen umgeladen und auf 15 tote Faschisten geworfen wurden, die in Musso an der Straßensperre aufgehalten und in Dongo erschossen worden waren.

In den frühen Morgenstunden des 29. April hielt der Möbelwagen vor einer halbfertigen Tankstelle auf dem Piazzale Loreto in Mailand. Die schlammbespritzten Leichen Mussolinis und Claretta Petaccis wurden auf die Straße gekippt und an den Füßen an einem der Eisenträger aufgehängt.

Später wurde Mussolinis Leiche abgeschnitten und heimlich auf dem Mailänder Musocco-Friedhof bestattet. Im Jahr darauf wurde der Leichnam von Neofaschisten entführt und dem Franziskanerkloster in Pavia anvertraut. Im Jahre 1957 wurde er Donna Rachele übergeben, die ihn in Predappio unter einem Grabstein mit dem Liktorenbündel, dem Symbol seiner Machtperiode, beisetzen ließ.

Orts- und Sachregister

Namensregister